法学理论研究及应用

欧自琢　司　明　刘　鸣　著

U0838578

中国商业出版社

图书在版编目（CIP）数据

法学理论研究及应用 / 欧自琢，司明，刘鸣著. 北京 : 中国商业出版社，2024. 6. -- ISBN 978-7-5208-2968-7

Ⅰ. D90

中国国家版本馆CIP数据核字第2024XH0001号

责任编辑：许启民

策划编辑：武维胜

中国商业出版社出版发行

（www.zgsycb.com　100053　北京广安门内报国寺 1 号）

总编室：010-63180647　编辑室：010-83128926

发行部：010-83120835/8286

新华书店经销

北京厚诚则铭印刷科技有限公司印刷

*

710 毫米 ×1000 毫米　16 开　11.25 印张　190 千字

2024 年 6 月第 1 版　2024 年 6 月第 1 次印刷

定价：48.00 元

* * * *

（如有印装质量问题可更换）

前言

在法学领域的漫长历史中，法学理论一直是学者们热衷研究的对象。法学理论旨在深刻理解法律的本质、规律和功能，以指导法律体系的建设和发展。随着社会的不断演进和法治体系的日益完善，法学理论研究的重要性日益凸显。法学理论的研究不仅是对法律现象的深入剖析，更是对社会生活中法律作用的深刻认知。通过对法学理论的深入研究，我们能够洞察法律的内在逻辑，理解法律规则背后的价值追求，从而更好地指导法律实践。法学理论的研究不是孤立的学科，而是与社会、政治、文化等多个领域相互交融的综合性学科，其应用广泛而深远。

在现代社会中，法学理论的应用不仅体现在法律体系的建设和法治实践上，更在社会治理、公平正义、人权保障等方面发挥着积极的作用。法学理论的应用不仅仅是理论的运用，更是对法治思维的引领，对法治理念的深入推动。

法学理论研究及其应用的重要性不可忽视。在日益复杂多变的社会环境中，深刻理解法学理论，不仅有助于我们把握法律的发展方向，更有助于我们在法治建设中取得更为显著的成果。法学理论的研究与应用是一项长期而深远的事业，需要学者们共同努力，通过深入研究、广泛交流，为法学理论的繁荣发展和实践应用提供坚实的理论基础。

本书深入研究了法学理论及其在实践中的应用，涵盖了法学基本原理、法学理论与法治建设、民商法基础理论、民商法在合同与侵权领域的应用 、公司法与公司治理 、民商法与公司法的实际应用等重要领域。同时，它还专注于建筑工程领域的法律研究，包括建筑工程法律体系和法律框架、建筑工程法律问题和法规遵从、建筑工程法律研究的历史和发展趋势等多个方面。本书旨在为广大法学学生、法律从业者以及对法学理论和应用感兴趣的读者提供一部全面而深入的法学参考指南。

作者在本书的写作过程中，借鉴了许多前辈的研究成果，在此表示衷心的感谢。由于本书需要探究的层面比较深，作者对一些相关问题的研究不透彻，加之写作时间仓促，书中难免存在一定的不妥和疏漏之处，恳请前辈、同行以及广大读者斧正。

目录

第一章　法学基本原理

第一节　法学基本原则

一、法治原则

法治原则是现代社会法律制度的基石和灵魂，是确保社会秩序稳定、公平正义的重要保障。法治原则要求政府、公民和组织都要遵守法律，任何人都不得凌驾于法律之上，这体现了法律的普遍适用性和尊严性。在法治社会中，法律是公正的准绳，是社会行为的规范，是保障人民权利的有力保障。一切行为都受法律的约束和制约，不允许有人擅自行使权利或者违反法律规定的行为。这种法治原则的实施，使得社会秩序更加稳定，人们的权利和利益得到更好的保护，社会关系更加和谐。

公民的权利和自由受到法律的保护，任何人都不能随意侵犯他人的合法权益。法治原则的贯彻执行，保证了公民在社会生活中享有平等的权利和地位，有利于社会公平、公正地发展。政府必须依法行政，严格执行法律，任何行政行为都必须符合法律规定。这样可以有效地规范政府的行政行为，提高政府的管理效率和公信力，增强人民群众对政府的信任。法治原则还能够促进经济发展和社会进步。法律是市场经济发展的重要保障，是保护私有财产和经济利益的重要手段。法治的实施有利于维护经济秩序的稳定，促进经济的健康发展。

二、法律的合法性原则

法律的合法性原则是法治社会的基本原则之一，它要求法律制定和实施必须符合法定程序，以确保法律的正当性和公正性。合法性原则的实现，不仅是对法律权威的认可和尊重，更是对公民权利的保障和社会秩序的维护。法律的合法性要求法律的制定和修订必须符合宪法规定的程序。宪法是国家的根本法律，具有最高的法律地位和法律效力，其他法律必须遵守宪法。因此，法律的合法性首先体现在其是否符合宪法规定的制定程序，只有经过宪法规定的程序，才能具有法律效力。

法律的合法性要求法律的制定必须由具有立法权的机关制定。立法权是国家权力的重要组成部分，只有通过具有立法权的机关制定的法律才具有合法性。这样可以确保法律的制定过程合法，不受非法干扰和操纵，保障法律的公正性和权威性。法律的合法性要求法律制定和实施必须符合普遍认可的正义、公平原则。法律应当体现社会公正、人民意愿和民主原则，符合社会公认的正义、公平原则，才能获得公民的认可和支持，确保法律的实施效果和社会效果。

三、平等原则

平等原则是法律面前人人平等的基本原则，体现了法律的普遍适用性和公正性。平等原则要求法律适用于所有人，不论其社会地位、财富、性别、种族、宗教信仰等，确保了每个人在法律面前都是平等的，享有同等的权利和义务，这对于维护社会的公平正义、促进社会和谐稳定具有重要意义。平等原则是法治社会的基本价值观和行为准则。法律的适用不应受到任何个人或团体的特殊待遇或歧视，每个人都应当受到法律的平等保护和尊重，这是法治社会的基本要求和基本原则。

平等原则有助于促进社会的和谐稳定。平等原则的贯彻执行，有利于减少社会不公平现象，促进社会资源的合理分配，增强社会的凝聚力和向心力，促进社会的和谐稳定发展。平等原则是法治社会的基础和保障。只有在法律的制定、适用和执行过程中确保平等原则的实现，才能保障法律的权威和稳定，维护社会秩序和公平正义。因此，平等原则对于维护法治社会的稳定和健康发展具有重要意义。

四、公正原则

公正原则要求法律适用和司法裁判必须坚持公正、公平、公开的原则，保障当事人的合法权益，维护社会的公平正义，促进社会的和谐稳定。公正原则要求法律适用和司法裁判必须坚持公正的原则。公正是法律适用和司法裁判的核心要求，要求司法机关在处理案件时，不偏袒任何一方当事人，不受任何非法干扰和操纵，依法独立、公正地行使审判权，以保障当事人的合法权益。公正原则要求法律适用和司法裁判必须坚持公平的原则。公平是法律适用和司法裁判的重要原则，应当按照法律规定和事实情况，公正地对待当事人，不偏袒任何一方。

公正原则要求法律适用和司法裁判必须坚持公开的原则。公开是法律适用和司法裁判的重要方式，应当公开审理案件，公开法律适用和裁判过程，以保障当事人和社会公众的知情权和监督权，进而促进司法活动的公正和透明。公正原则是法治社会的基础和保障，只有在法律适用和司法裁判过程中才能确保公正原则的实现。因此，公正原则对于维护法治社会的稳定和健康发展具有重要意义。

五、保护人权原则

法律作为社会规范的载体，应当确保人们的基本权利得到充分尊重和保障。这些权利涵盖了各个方面，包括但不限于生命权、健康权、财产权和自由权等。下面将从不同角度探讨这些基本权利的保护。法律应当确保每个公民都能够享有生存的权利，保障其免受任何非法侵害。生命权的保护不仅是指对个体生命的尊重，还应当包括对生命健康的全面保护，为此，社会应当加强对环境污染、食品安全等方面的监管，确保人们的身体健康不受损害。

法律应当保障每个公民都有获得医疗服务的权利，无论其经济地位如何。为了实现健康权的保护，社会应当建立健全医疗卫生体系，提高医疗资源的配置效率，确保人们能够及时获得有效的医疗服务。法律应当保护个人和组织的财产不受侵犯，确保其合法财产权益得到有效保障。为此，社会应当建立健全财产保护制度，提高财产权益的法律保护水平，维护社会公平正义。法律应当保障人们的言论、信仰、出行等自由权利，以确保其在法律范围内行使自由。为了实现自由权的保护，社会应当建立健全自由保障机制，保护人们的合法权益不受侵犯。

六、禁止滥用权力原则

权力是为了服务于人民、促进社会进步和发展的，但如果被滥用，就会导致社会不公平、不稳定甚至动荡。因此，法律应当明确规定权力的行使范围和方式，严格禁止滥用权力的行为，以保障公民、组织和机关的合法权益。权力不是无限的，它应当受到法律的约束和监督。法律应当明确规定政府部门、公职人员和其他权力机构的职责和权限，确保他们在行使权力时不得越权和滥用权力。

权力的行使应当符合法律规定的程序和原则，以保证公正、透明和合法。法律应当规定权力机关在行使权力时需要遵守的程序和规则，以确保其行使权力的合法性和正当性，权力的滥用往往是因为监督不到位或者制约不足造成的。因此，法律应当建立健全权力监督和制约机制，包括但不限于监察机构、司法机构和公众监督等，以确保权力的行使不被滥用。如果公民、组织和机关认为自己的合法权益受到了侵害，有权向法律申诉，并获得合理、及时的救济。法律应当规定权力机关在行使权力时给予公民、组织和机关的救济途径，以保障其合法权益不受侵犯。

七、司法保护原则

司法保护原则是法治的重要组成部分。司法保护原则的核心是保障公民、组织和机关的合法权益，以维护司法的独立性和公正性。这一原则的实现需要法律的支持和司法制度的健全。法律应当保障公民、组织和机关的合法权益。每个公民、组织和机关都有权利依法享有自己的合法权益，包括但不限于生命权、财产权、自由权等。法律应当规定权利的内容和范围，保障其不受侵犯和损害。公民有权利通过诉讼途径维护自己的合法权益，法律应当规定诉讼的程序和原则，保障公民在诉讼中的权利不受侵犯。

司法机关应当独立于行政和立法机关，依法独立行使审判权，保障司法活动的公正。法律应当规定司法机关的组织和运作方式，保障其独立性和公正性。法律应当建立健全的司法保护制度，包括但不限于建立健全的法律援助制度、加强对司法机关的监督和制约、保障公民的诉讼权利等。这些制度的建立和完善，有助于保障公民、组织和机关的合法权益。

八、法律的确定性原则

法律的确定性原则是法治社会的基石，其核心在于法律应当具有清晰明确的内容，不留任何歧义，以便人们能够理解和适用。这一原则的实现对于维护社会秩序、保障公正、促进法律适用的一致性和效率至关重要，确定性有助于确保法律的公正性和公平性。如果法律的内容模糊不清，容易产生解释上的歧义，导致法律的执行不公正。因此，法律应当尽可能清晰明确，以便于公正的适用和执行。

人们只有在法律内容清晰明确的情况下，才能够准确地预测法律的适用结果，从而作出相应的行为选择。同时，确定性还有助于保障法律的稳定性，避免因为频繁修改或解释不一而导致的法律混乱。确定性有助于提高法律的适用效率和司法效力。法律内容清晰明确，能够减少司法实践中的争议和纠纷，从而提高司法效率。同时，确定性还能够增强法律的权威性和约束力，使其更具有执行力。确定性还有助于促进法治建设，法治的核心在于法律的权威性和可预测性，只有当法律具有确定性时，才能够有效地维护社会秩序和稳定。

九、法律的稳定性原则

稳定的法律体系是社会秩序稳定、经济发展健康、民众生活安定的基础。法律应当具有稳定性，即法律应当稳定不变，不应频繁修改，以保障社会秩序的稳定和法律制度的连续性。稳定的法律有助于维护社会秩序的稳定。法律作为社会规范的核心，其稳定性直接影响到社会秩序的稳定。如果法律频繁变动，将导致法律的适用不确定性，容易引发社会不安和动荡。因此，法律应当稳定不变，以确保社会秩序的稳定。

稳定的法律环境有利于企业和个人形成长期规划和投资，促进经济的稳定增长。同时，稳定的法律还有助于社会的和谐发展和进步，为社会各界提供稳定的生活和发展环境。稳定的法律有助于保障法律制度的连续性，法律制度是社会治理的基础，其连续性对于维护社会的稳定和发展至关重要。稳定的法律可以确保法律制度的延续性，保障社会治理的有效性和稳定性。稳定的法律还有助于提高法律的适用效率和司法效力。

第二节　法学基本价值观

一、正义

正义是法律体系中的核心价值观之一，它代表着法律的公正和合理性。法律应当体现公平、公正，保护人民的合法权益，维护社会秩序和稳定。正义要求法律平等地对待所有人，对于违法行为给予应有的惩罚，对于合法权益给予应有的保护。在法律体系中，正义是保障人民合法权益的根本保证。正义要求法律制度具有普遍适用性和公正性，不分贵贱、贫富，不因人的地位、权力或社会地位而不同对待。正义要求法律对于所有人都是平等的，任何人都不能凌驾于法律之上，也不能逃避法律的制裁。

正义还要求法律对于违法行为给予应有的惩罚。这就要求法律制度必须健全，能够有效地制裁违法行为，保护人民的合法权益。正义要求法律的适用和实施不仅要有法律依据，更要有实际效果，能够维护社会的公平和正义。正义是社会秩序和稳定的基石，只有在正义的基础上建立起来的法律秩序才能够稳定和持久。正义要求法律能够保障人民的基本利益和社会的整体利益，促进社会的和谐与发展。

二、公平

在法律的领域中，公平是一项基本价值观，指的是法律应当在平等的基础上对待所有人，不应因人的种族、性别、宗教、地域等因素而作出歧视性规定或裁决。公平要求法律适用具有公正性和一致性，确保每个人都能够享有平等的权利和机会。在一个公平的法治社会中，法律不应当偏袒任何一方，而是要平等地对待每个人，无论其社会地位、财富状况或其他身份特征。公平要求法律制度具有公正性和一致性，并确保法律的适用和执行不受到任何不合理的干扰或影响。

公平要求法律对待每个人都是公正的，不应当因为个人的身份或地位而偏袒或歧视。法律的公平性体现在对待每个人的权利和义务上，不论其社会地位如何，都应当受到同等的保护和约束。公平还要求法律的适用和实施不受到任何不合理的干扰或影响，确保每个人都能够在法律的保护下享有平等的权利和机会。公平不仅仅是一种理念，更是一种实践。实现公平需要法律的制定和实施具有公正性和一致性，需要法律制度的完善和健全，需要社会各界的共同努力和支持。只有在公平的基础上建立起来的法律秩序才能够稳定和持久。

三、效率

效率是法律体系中的重要价值观之一，它指的是法律应当能够有效地实现其目的，即解决社会矛盾，保障社会的秩序和稳定。效率要求法律制度和法律实施具有可操作性和可行性，能够在最短的时间内达到最好的效果。效率要求法律不仅要有明确的规定和条文，还要能够有效地执行，能够解决社会矛盾。

效率要求法律制度和法律实施应当简洁明了，能够迅速地得到执行，不应当造成不必要的延误和拖延，效率要求法律的实施能够在最短的时间内达到最好的效果。法律的实施应当能够迅速地解决社会矛盾，不应当造成不必要的损失和浪费。

四、人权

人权是人类社会发展的重要标志，是法律应当尊重和保护的基本权利。人权的核心是尊重和保障人的尊严和价值，确保人民的基本权利不受侵犯。法律的制定、解释和实施应当以人的生存权、发展权、自由权等基本权利为核心，为人民谋取福祉，推动社会进步。每个人都有权利享有生命和健康。法律应当保障人们的生存权，通过健全的医疗卫生体系和社会保障制度，确保人民的身体健康和生存权得到充分保障。这不仅是对个人权利的尊重，也能够促进人类社会进步。

每个人都应当有平等的机会去发挥自己的潜能，实现自身的价值。法律应当为人们提供良好的教育、就业、住房等发展条件，保障人们的发展权不受侵犯。只有在一个能够充分保障人们发展权利的社会中，人们才能够实现自己的人生价值，社会才能够实现持续稳定的发展，自由权也是人权的重要体现。法律应当保障人们的自由权利，确保人们在言论、出版、宗教信仰等方面不受侵犯。这不仅是对个人尊严的尊重，也是对社会多样性的保障，有利于社会的和谐稳定和进步发展。

五、秩序

社会秩序是社会稳定发展的重要保障，是法律应当维护和保障的重要内容。秩序要求法律的制定和实施应当有序，不得给社会带来混乱和动荡。法律的存在和实施，能够保障人民的生活安宁和社会的正常运转。只有在一个有序的社会环境中，人们才能够安居乐业，社会才能够稳定发展。法律应当通过规范人们的行为，维护社会的秩序，确保人们的生活安宁和社会的正常运转。这不仅是对社会发展的保障，也是对人民生活的保障。

法律规范了人们的行为，约束了人们的行为，维护了社会的秩序。法律的实施需要有序进行。只有在法律的约束下，社会秩序才能够得到有效维护，人们的生活安宁才能够得到保障。社会秩序还需要人们共同维护，每个人都应当遵守法律，遵守社会公共秩序，保持良好的行为习惯，共同维护社会的秩序。

六、自由

自由是人类的基本权利，是法律应当保障的重要内容。自由包括言论自由、信仰自由、人身自由等，要求法律的制定和实施应当尊重个人的选择和决定，不得限制个人的自由行为，除非迫切需要保护其他人的权利或社会公共利益，言论自由是自由的重要体现。每个人都有言论自由的权利，可以自由表达自己的观点和看法。法律应当保障人们的言论自由，确保人们在言论表达上不受限制。言论自由不仅是对个人权利的尊重，还有利于促进思想交流和社会进步。

每个人都有信仰自由的权利，可以选择自己的宗教信仰。法律应当保障人们的信仰自由，确保人们在宗教信仰上不受限制。信仰自由不仅是对个人内心世界的尊重，也是对社会宗教和谐的保障，有利于社会的稳定与和谐发展。每个人都有人身自由的权利，可以自由决定自己的行动和生活方式。法律应当保障人们的人身自由，确保人们在行动和生活方式上不受限制。人身自由不仅是对个人尊严的尊重，也是对个人自主权的保障，这有利于个人发展和社会稳定。

第三节　法学基本规范

一、科学性规范

在法学领域，科学性规范是指法学研究应当以科学方法为基础，遵循客观规律，进行理性分析和判断的基本原则。科学性规范要求研究者在进行法学研究时，应当收集、整理和分析相关事实和数据，以确保研究结论具有科学性和可靠性。这一规范对于促进法学理论研究的科学性和规范性，推动法学研究的进步和发展具有重要意义。科学性规范要求法学研究应当以科学方法为基础。科学方法是一种系统的、有序的研究方法，包括收集资料、提出假设、进行实证研究、得出结论等环节。研究者应当遵循科学方法进行研究，确保研究过程科学、合理、有效。

科学性规范要求法学研究应当遵循客观规律。客观规律是客观存在的规律性，研究者应当尊重客观规律，不受主观情感和偏见的影响。研究者在进行法学研究时，应当客观地分析问题，客观地处理研究对象，以确保研究结果符合客观规律。科学性规范要求法学研究应当进行理性分析和判断。理性是指根据事实和逻辑进行思考和判断，研究者应当在法学研究中运用理性思维方法，进行深入分析和准确判断，确保研究结论合理、可靠。

二、客观性规范

客观性规范是指在法学研究中应当客观公正，避免主观偏见和个人情感的影响。这一规范要求研究者以客观的态度对待研究对象，客观地分析问题，客观地表达观点。客观性规范是法学研究的基本原则之一，对于保证法学研究的科学性和规范性具有重要意义。客观性规范要求研究者应当客观地对待研究对象，不受个人情感和主观偏见的影响，应当尊重客观事实，客观地分析研究对象，确保研究结论客观可靠，应当客观地分析研究问题，不受个人情感和主观意识的干扰。研究者应当从客观事实出发，运用科学方法进行分析，确保研究结论符合客观规律。客观性规范要求研究者应当客观地表达自己的观点，不夸大事实，不歪曲真相，用客观的语言和方式表达观点，确保研究成果的客观性和可信度。

三、规范性规范

规范性规范是指研究者应当遵循法律规范和学术规范，确保研究活动合法、合规的原则。这一规范要求研究者尊重法律和道德规范，不得从事违法违规的活动。规范性规范是法学研究的基本准则之一，对于维护法学研究的正当性和合法性具有重要意义。法律是社会生活的基本规范，应当遵守法律规定，不得违反法律规范。研究者应当尊重法律权威，遵循法律程序，确保研究活动合法、合规。规范性规范要求研究者遵循学术规范。学术规范是学术研究的基本准则，包括学术诚信、学术独立、学术创新等方面的规范。研究者应当遵循学术规范，不得从事学术不端行为，如剽窃、抄袭、造假等。规范性规范要求研究者尊重道德规范。道德规范是社会公认的行为准则，研究者不得从事有损社会公共利益和社会公共秩序的行为，应当注重自身的道德修养，保持学术操守。

四、创新性规范

创新性规范是指研究者应当注重创新，提出新颖的理论观点和研究成果的原则。这一规范要求研究者在借鉴前人经验的基础上，不断探索新的研究方向和方法，推动法学理论和实践的发展。创新性规范是法学研究的基本准则之一，对于促进法学理论和实践的创新和进步具有重要意义。法学理论是法学研究的重要内容，研究者应当在理论研究中，不断提出新颖的理论观点，推动法学理论的不断发展和完善。研究者应当在借鉴前人经验的基础上，通过自己的思考和研究，提出具有创新性和前瞻性的理论观点，为法学理论的发展作出贡献。

法学研究不仅包括理论研究，还包括实证研究和应用研究。研究者应当在研究实践中，不断提出新颖的研究成果，推动法学实践的不断创新和进步，通过实证研究和应用研究，发现新的问题，提出新的解决方案，为法学实践的发展作出贡献。创新性规范要求研究者不断探索新的研究方向和方法。法学研究是一个不断探索的过程，研究者不仅应当在研究中推动法学研究的不断深入和拓展，还应当关注前沿领域和热点问题，探索新的研究方法，为法学研究的创新和进步提供新的思路和方法。

五、实用性规范

实用性规范是指研究者应当具有一定的实践指导意义，能够为法律实践提供有效的建议和参考的原则。这一规范要求研究者关注法律实践的需求，研究成果应当具有一定的实用性和可操作性。实用性规范是法学研究的基本准则之一，对于促进法学研究与法律实践的结合，推动法学理论和实践的发展具有重要意义。实用性规范要求研究者关注法律实践的需求。法学研究应当紧密结合法律实践的需要，关注法律实践中存在的问题和挑战，寻求解决问题的有效途径和方法。研究者应当深入法律实践领域，了解实际问题，为法律实践提供有针对性的研究成果。法学研究成果要具有一定的实践指导意义，能够为法律实践提供有效的建议和参考。应当注重研究成果的实用性，力求研究成果能够被法律实践所接受和应用。实用性规范要求研究者注重研究成果的可操作性。法学研究成果应当具有一定的可操作性，能够为法律实践提供可行的解决和实施方案，要考虑到实际操作的可行性，为法律实践提供具体、可操作的建议和方案。

六、审慎性规范

审慎性规范是指研究者应当审慎认真，避免草率和主观臆断的原则。审慎性规范是法学研究的基本准则之一。这一规范要求研究者要对研究对象进行全面、深入的分析，确保研究结论的准确性和可靠性。审慎性规范要求研究者要保持谨慎的态度，不轻信一己之见，不盲目跟风，不随意下结论，审慎对待每一个研究问题。

第四节 法学研究者的义务

一、遵守学术规范

遵守学术规范是法学研究者的基本义务之一。学术规范是学术界的基本准则和行为规范，是维护学术正义和促进学术交流的重要保障。法学研究者应当始终牢记学术规范的重要性，坚守诚实、公正、透明、尊重知识产权等原则，以确保自己的研究活动符合学术伦理和道德要求。在研究过程中，研究者应当真实地反映研究结果，不隐瞒真相，不歪曲数据，以确保研究的真实性和可靠性。只有做到诚实守信，才能建立起良好的学术信誉，得到同行和社会的认可与尊重。

研究者应当客观公正地对待研究对象，不偏不倚地进行分析和评价，避免主观意识和个人偏见的影响。只有做到公正无私，才能确保研究结果的客观性和科学性，为学术研究的发展和进步提供坚实的基础。研究者应当公开研究方法、数据来源、研究过程和研究结果，让同行和社会能够了解研究的全貌和过程，提高研究的可信度和可靠性。只有做到透明、公开，才能避免研究过程中的不当行为和争议，维护学术界的正常秩序和良好形象。研究者应当尊重他人的知识产权，不得侵犯他人的著作权、专利权、商标权等合法权益，以保护知识产权的创新和发展。只有做到尊重知识产权，才能建立起良好的学术秩序和学术环境，推动学术研究的良性发展和进步。

二、维护学科声誉

维护学科声誉是每位法学研究者义不容辞的责任和使命。法学学科的声誉不仅关乎学者个人的学术声誉，更是整个学科的面子和尊严。为了促进法学研究的发展和进步，我们应当从以下几个方面努力。积极参与学术交流与合作，保持良好的学术风气。学术交流是学科发展的重要推动力量，通过与同行学者的交流合作，可以促进学科理论的交流与碰撞，推动学科的不断进步。在学术交流中，应当遵循学术规范，坚持学术诚信，不造假、不抄袭，保持学术独立性和客观性，做到言之有据、论据充分，以求真务实的态度提高学科声誉。

参与学术活动不仅可以增加学术影响力，还可以促进学科的发展。比如，参加学术会议、研讨会等，可以与其他学者进行深入交流，了解最新研究动态，拓宽研究思路；参与学术期刊的编委、评审工作，可以提升学术地位，推动学术成果的传播和应用；组织学术讲座、研讨会等，可以促进学科交流合作，推动学科的繁荣和发展。注重学术成果的质量和影响力，学术成果是衡量学者学术水平和学科声誉的重要标志，因此应当注重学术成果的质量和影响力。在进行研究时，要严格遵守学术规范，确保研究方法的科学性和可靠性；在撰写论文时，要注重论点的独创性和说服力，确保学术观点的准确性和权威性；在学术成果的传播和应用时，要注重成果的实用性与可操作性，确保成果能够为社会和法学研究提供有益参考。加强学科建设，提高学科整体声誉。学科建设是学科发展的基础和保障，只有不断加强学科建设，提高学科整体水平，才能提高学科的整体声誉。因此，我们应当积极参与学科建设，推动学科建设的深入发展，为学科发展和进步贡献自己的力量。

三、传播学术成果

传播学术成果是法学研究者的一项重要责任和使命。通过积极传播学术成果，可以促进学术成果的应用和转化，提升学术研究的实践价值和社会影响。学术论文是学术成果传播的重要途径，通过在高水平学术期刊上发表论文，可以扩大学术影响力，推动学术成果的传播和应用。在发表论文时，应当选择权威性和影响力较大的学术期刊，以确保论文的学术质量和影响力。在参加学术会议和研讨会时，应当积极参与学术讨论，展示自己的研究成果，提高学术影响力。专著和学术著作是学术成果传播的重要形式，通过撰写专著和学术著作，可以系统地阐述自己的研究成果。在撰写专著和学术著作时，我们应当注重内容的深度和广度，确保内容具有学术价值和实践意义。随着互联网和新媒体的发展，利用网络和新媒体平台传播学术成果已成为一种重要方式。我们可以通过建立个人学术博客、参与学术社交网络等方式，将学术成果传播给更广泛的受众。与社会各界建立合作关系，促进学术成果的应用和转化。法学研究者可以与政府部门、企业机构等建立合作关系，将学术成果应用于实际工作中，推动学术成果的转化和应用，提高学术研究的实践价值和社会影响力。

四、培养后继人才

培养后继人才是法学研究者的一项重要责任和使命。通过积极参与人才培养工作，指导学生进行科研活动，传授学术经验和方法，可以培养出更多具有高水平研究能力和学术素养的法学研究人才，推动法学研究的长远发展。为了更好地培养后继人才，我们可以从以下几个方面进行努力。建立健全的人才培养体系是培养后继人才的基础，包括制订人才培养计划、建立导师制度、完善学术交流机制等。通过建立健全的人才培养体系，可以为学生提供良好的学习环境和发展空间，培养他们的研究能力和学术素养。指导学生进行科研活动是培养后继人才的重要途径，通过指导学生进行科研活动，可以培养他们的研究能力和创新意识。在指导学生进行科研活动时，我们应当注重引导学生选择研究方向，指导学生制订科研计划，指导学生进行文献查阅和实证研究，从而提高他们的科研能力和学术水平。

传授学术经验和方法是培养后继人才的关键，通过传授学术经验和方法，可以帮助学生掌握科研技能和学术方法，提高他们的学术水平和研究能力。在传授学术经验和方法时，应当注重理论与实践相结合，注重启发式教学，激发学生的学习兴趣和创新潜力。加强学术交流和合作是培养后继人才的重要途径，通过与其他学者进行学术交流和合作，可以拓宽学生的学术视野。在加强学术交流与合作时，我们应当积极参与学术会议、研讨会等，与其他学者进行深入交流。

五、关注社会问题

法学研究者应当紧密关注社会问题，积极参与社会实践和公共事务，为解决社会问题提供法学智慧和方案，促进法学研究与社会实践的结合。社会问题是法学研究的重要领域之一，法学研究者应当深入社会实践，深入了解社会问题的本质和根源，积极探索解决社会问题的法学途径和方法，为社会的发展和进步贡献自己的智慧和力量。社会热点问题是社会发展中的重要问题，关注社会热点问题可以帮助法学研究者深入了解社会现实，把握社会发展的脉搏，为解决社会问题提供法学智慧和方案。比如，关注社会公平与正义、法治建设与依法治国、社会治理与公共安全等问题，积极参与相关研究和实践，推动法学研究与社会实践的结合。

参与社会实践和公共事务是法学研究者了解社会问题、解决社会问题的重要途径，通过积极参与社会实践和公共事务，法学研究者可以深入了解社会问题的本质和根源。比如，参与社会公益活动、法律援助工作等，为解决社会问题贡献自己的力量。法学研究与社会实践应当紧密结合，通过将法学理论与实际问题相结合，探索解决社会问题的法学途径和方法，促进法学研究与社会实践的良性互动。在加强法学研究与社会实践的结合时，注重创新与实践的结合，不断提高法学研究的实践价值和社会影响力。法学研究者应当具有社会责任感，关注社会问题。只有具备社会责任感的法学研究者，才能真正发挥法学的作用，为社会发展和进步作出积极贡献。

第二章　法学理论与法治建设

第一节　法学理论对法治的贡献

一、确立法治理念

确立法治理念是现代社会治理的重要基础，它是通过对法律的尊重和遵守来维护社会秩序、保障人民权利的一种重要方式。法学理论在探讨法治的本质、价值和原则时，提出了法治应当以法律为基础、以法律为准绳、以法律为目标的治理方式，为法治建设提供了思想指导和理论支持。法治作为一种治理方式，强调了法律的重要性。法治理念认为，只有依法行事，才能保障社会秩序的稳定，确保人民的权利得到有效保障。因此，建立在法律基础上的治理方式，能够有效地维护社会秩序，促进社会的稳定与发展。

法治要求法律的制定、执行和适用应当公正无私，对所有人都应当平等适用。这意味着在法治社会中，人们不论地位高低、贫富贵贱，都应当遵守同样的法律规定，都能够享有同样的法律权利和保障。这种公正和公平的原则，是法治社会的重要基础，也是维护社会公平正义的重要手段。法治需要建立在稳定的法律体系基础上，法律应当具有一定的稳定性和连续性，不应当随意变动，这样才能够保障社会秩序的稳定和法律的权威性。

二、促进法治实践创新

在促进法治实践创新的过程中，法学理论发挥着重要作用。法学理论不仅是对法律规则的解释和描述，更是对法治实践的引导和促进。通过不断探索和发展法学理论，我们可以为法治实践提供新的思路和方法，从而推动法治实践的不断完善和发展。在这个过程中，法学理论不断与实践相互作用、相互促进，形成了一个良性循环，为法治实践的创新提供了坚实的理论基础。法学理论为法治实践提供了新思路。随着社会的发展和进步，法律面临着日益复杂的社会现实和问题。传统的法律规则和理论已经不能完全适应新的情况和需求，因此需要不断地进行理论创新。法学理论的不断发展为我们提供了审视和解决问题的新视角和方法，为法治实践注入了新的活力和动力。

在法治实践中，常常需要面对各种各样的问题和挑战，传统的方法和手段已经不能满足需要。通过对法学理论的深入研究和探讨，可以发现一些新的方法和思路，这些方法和思路可以帮助我们更好地解决实际问题，推动法治实践的创新和发展。法学理论还为法治实践提供了理论指导。我们需要根据实际情况和需求来制定和实施法律规则，而法学理论可以为我们提供指导和参考。通过对法学理论的学习和理解，我们可以更好地把握法治实践的方向和目标，推动法治实践的健康发展。

三、保障公正司法

法学理论在这一进程中扮演着至关重要的角色。它不仅是法治实践的指导方针，也是司法公正的坚实基础。通过对司法制度、司法原则、司法权力等方面的深入研究，法学理论为保障公正司法提供了理论支持和方法指导。司法制度是保障司法公正的重要保障。法学理论通过对司法制度的研究和分析，提出了许多完善司法制度的建议和方案。比如，建立独立、公正的司法机构，制定公平、公正的司法程序，保障当事人的诉讼权利等，这些都为司法实践提供了有益的借鉴和指导。

司法原则是司法活动的基本准则，它包括公正、公平、独立、公开等原则。法学理论通过对这些原则的深入研究，明确了它们的内涵和适用范围，为司法实践提供了具体的指导和依据。例如，在审判活动中，法官应当秉持公正、公平的原则，不偏不倚地对待当事人，确保案件的公正裁决。法学理论还对司法权的保障提出了重要观点。司法权是当事人在司法活动中的基本权利，包括诉讼权利、辩护权利、听证权利等。法学理论通过对这些权利的研究和分析，提出了许多保障司法权利的建议和措施。例如，保障当事人的诉讼权利，确保其能够充分行使自己的诉讼权利，获得公正的司法保护。

四、培养法治意识

培养法治意识是现代社会发展的必然要求，也是全面建设社会主义法治国家的重要内容。法学理论在培养法治意识方面发挥着重要作用。法学理论不仅是法治意识的理论基础，更是指导实践、推动法治建设的重要思想武器。法学理论通过对法治概念、法治原则、法治精神等方面的阐述和宣传，为人们树立了正确的法治观念，推动了法治意识的形成和发展。法学理论通过对法治概念的深入阐述，使人们更加清晰地认识到法治的重要性和必要性。法治概念的阐释不仅包括法律的意义和作用，更强调了法治在维护社会稳定、保障公平正义方面的重要作用。这种深入浅出的解释，使人们逐渐形成了法治优于人治的理念，从而促使法治意识在社会中逐步深入人心。

法学理论对法治原则的阐述，为法治意识的培养提供了理论依据。法治原则是指导国家法律制度运行的基本准则和规范，是法治建设的重要内容。通过对法治原则进行系统的解读，法学理论使人们认识到法治不仅仅是一种制度安排，更是一种思想理念和道德规范。这种认识有助于人们自觉遵守法律，增强法治观念，从而形成和巩固法治意识。法学理论通过对法治精神的诠释和传播，促进了法治意识的形成和发展。法治精神是法治的灵魂和核心，包括尊重法律、遵守法律、依法办事、维护法律权威等方面。法学理论通过对法治精神的宣传，引导人们养成尊法学法、守法用法的良好习惯，从而推动了法治观念在社会中的传播和普及。

五、推动国家治理体系和治理能力现代化

推动国家治理体系和治理能力现代化是实现国家长治久安、经济持续发展、社会长期稳定的重要保障，法学理论在这一进程中发挥着重要的理论支撑和指导作用。通过对国家治理体系、治理原则、治理方法等方面的研究，法学理论为国家治理体系和治理能力的现代化提供了思想和理论支持，推动了国家治理体系和治理能力的不断完善和提升。法学理论对国家治理体系的研究，有助于深化对国家治理规律的认识。国家治理体系是指导国家治理的基本制度安排和运行机制，是现代国家治理的重要组成部分。法学理论通过对国家治理体系的研究，有助于发现国家治理的内在规律和发展趋势，

为国家治理体系的现代化提供了理论基础和指导方向。

法学理论对治理原则的研究，有助于规范国家治理行为。治理原则是指导国家治理实践的基本准则和规范，是国家治理的理论基础和实践标准。法学理论通过对治理原则的研究，有助于明确国家治理的基本要求和核心价值。法学理论对治理方法的研究，有助于提高国家治理效能。治理方法是指导国家治理实践的具体手段和方式，是实现国家治理目标的重要途径。法学理论通过对治理方法的研究，有助于发掘和总结国家治理的成功经验和有效做法，为提高国家治理效能提供了理论支持和实践指导。

第二节　法学理论与法治建设

一、法学理论与法治建设融合的意义

(一) 理论指导实践

法学理论在法治建设中的作用不可忽视。它不仅为法治建设提供了理论指导和思想支持，而且通过与实践的融合，将理论知识转化为实践行动，推动法治建设朝着更加科学和有效的方向发展。法学理论是对法律规范、法律制度和法律现象进行深入分析和研究的产物，是法治建设的理论基础。法学理论为法治建设提供了思想支持和理论指导，指导立法、司法和行政等部门制定和实施符合国情和社会发展需要的法律政策和措施，推动法治建设不断取得新的进展。法学理论不仅仅停留在理论层面，更重要的是要将其转化为实践行动。通过将法学理论与实际工作相结合，可以更好地解决实际问题，推动法治建设向着更加科学和有效的方向发展。例如，通过对法学理论的深入研究和分析，可以为解决当前社会中存在的法律问题提供参考和借鉴，推动法治建设取得实质性进展。法学理论在法治建设中的融合与创新至关重要。法学理论是不断发展的，需要与时俱进，与实践相结合，不断创新。只有不断融合和创新，才能推动法治建设不断向前发展。因此，法学理论的融合与创新，是推动法治建设向着更加科学和有效的方向发展的重要保障。

（二）促进法治观念深入人心

法学理论的融合不仅有助于推动法治建设向更加科学和有效的方向发展，更重要的是可以促进法治观念深入人心，增强公民的法律意识和法治观念，增强全社会对法治的认同和信任。法学理论是对法律规范和法律制度的深入分析和研究，具有较高的学术性和专业性。通过将法学理论融入法治建设中，可以向公众普及法律知识，增强公民对法律的了解和认识，使公民更加自觉地遵守法律，更加积极地维护自己的合法权益。

法学理论的融合有助于提高公民的法治观念。法治观念是指人们对法治的认识、理解和评价。可以向公众传递法治理念，引导公众树立正确的法治观念，使其认识到法治是维护社会稳定、促进社会进步的重要保障，从而增强公民对法治的信任和支持。法学理论的融合可以增强全社会对法治的认同和信任。法治是一种治理方式，需要全社会的认同和支持才能够发挥作用。增强公众对法治的认同和信任，形成全社会共同维护法治的良好氛围，推动法治观念深入人心。

（三）强化法治建设的系统性和完整性

法学理论研究广泛，涉及法律、法治体系、法治原则等多个方面，其融合可以促使法治建设更加系统和完整地推进，以确保法治建设的全面性和持续性。法学理论的融合有助于构建完善的法治体系。法治体系是指由法律、法规、制度等组成的一整套法治机制。可以更好地分析和研究法律体系的构建和完善，提出建设性的意见和建议，推动法治体系更加完善和健全。法治建设是一个系统工程，涉及多个方面，如立法、司法、行政等。可以更好地协调各方面的工作，确保法治建设各个环节的衔接和协调，推动法治建设更加系统和有序地推进。法学理论的融合有助于确保法治建设的持续性，法治建设是一个长期的过程，需要不断地完善和发展。可以不断总结经验，吸取教训，不断改进工作方法和手段，以确保法治建设能够持续地向前发展。

（四）提高国家治理体系和治理能力

通过法学理论的融合，可以促进国家治理体系更加科学合理、治理能力更加强大高效，从而推动国家治理体系和治理能力的现代化进程。法学理论研究有助于构建科学、合理的国家治理体系。法学作为一门关于法律、法规及其运行机制的学科，能够为国家治理体系的构建提供理论支持。通过深入研究法律的本质、规范的制定和执行，可以为国家治理提供有力的法治基础。例如，制定健全的法律、法规可以规范政府行为，保障公民权利，提高国家治理效能。

法学理论研究有助于提高国家治理的执行力和效率。法学理论不仅关注法律本身，还关注法律的实施过程和效果。通过研究法律实施中的问题和挑战，可以为提高国家治理的执行力提供参考。例如，针对执行力不足的问题，可以通过完善法律实施机制、加强执法监督等方式提高国家治理的执行效率。法学作为一门反思社会现实并探索社会变革的学科，能够为国家治理提供创新思路和理论支持。通过研究法律在社会变革中的作用和意义，可以为国家治理体系的创新和发展提供启示。例如，在面对新型社会问题时，可以通过法学理论的引导，提出符合时代要求的治理方案，推动国家治理体系的现代化进程。

（五）促进社会公平正义

公平正义是指在社会生活中，各种权利与义务按照一定的标准和程序分配与行使，使每个人都能享有应有的权利，承担应有的义务，实现社会资源的合理配置和社会利益的最大化。而在实践中，要促进社会公平正义的实现，法治建设是关键的一环，因为法律是保障公平正义的重要工具，法治是保障公平正义的重要条件。法治建设可以通过建立健全的法律体系来促进社会公平正义的实现。一个健全的法律体系包括完善的法律法规、严格的执法机构和有效的司法保障。只有在一个法律体系完备的社会里，人们才能依法行事，才能实现社会资源的合理配置和社会利益的最大化，从而实现社会公平正义。

法治建设可以通过提高司法公正来促进社会公平正义的实现。司法公正是指在司法实践中，法官、检察官、律师等司法工作者要严格依法办事，不偏不倚地对待每一个案件。只有在司法公正得到保障的情况下，人们才能信任法律，才能依法维护自己的权利。法治建设可以通过加强法律教育来促进社会公平正义的实现。法律教育是指通过各种途径向社会公众传授法律知识，增强社会公众的法律意识和法律素养。只有通过法律教育，人们才能更好地了解自己的权利和义务，才能更好地维护自己的权利。法治建设可以通过加强法律监督来促进社会公平正义的实现。法律监督是指社会公众对政府和司法机关的行为进行监督，保障政府和司法机关依法行使职权。只有通过法律监督，才能保障政府和司法机关依法行使职权。

二、法学理论与法治建设融合的方法

法学理论应当指导法治建设的实践。通过深入研究法学理论，特别是关于公平正义的理论，可以为法治建设提供指导和支撑，使法治建设更加符合社会公平正义的要求。

（一）法治建设强化法学研究

在法治建设过程中，对法学研究的支持和借鉴至关重要。法学研究作为法治建设的理论基础和指导思想，对于推动法治建设的科学性和合理性具有不可替代的作用。法学研究应当与法治建设紧密结合，通过深入探讨法律规范的内涵和实质，提高法治建设的质量和水平。同时，法学研究还应当关注社会公平正义的要求，努力为法治建设提供更加符合社会发展需要的理论支持。因此，加强对法学研究的支持和借鉴，可以为法治建设注入新的活力和动力，推动法治建设不断迈向更高水平。

在法学研究的过程中，要注重理论研究与实践相结合。法学研究不能脱离实际，必须立足于法治建设的实践需求，紧密结合国家现实情况和社会发展趋势，深入分析和研究法治建设的重大理论和实践问题。只有将理论研究与实践相结合，才能更好地指导法治建设实践。要完善法学研究体系，提高法学研究水平，就要建立健全的法学研究机制，促进法学研究与实践的有机结合，鼓励法学研究人员深入一线实践，不断总结经验，完善理论。同时，还要加强对法学研究人才的培养和引进，提高法学研究人员的学术水平和研究能力，为法治建设提供强有力的智力支持。

（二）加强法学理论教育

强化法学理论教育，培养优秀的法学人才，是推动法治建设的重要举措。高素质的法学人才是法治建设的中坚力量，他们具备深厚的法学理论功底和广泛的法律知识，能够为法治建设提供有效的智力支持和理论指导。因此，加强法学理论教育，培养出更多优秀的法学人才，对于推动法治建设、促进社会公平正义具有重要意义。在加强法学理论教育的过程中，要注重培养法学人才的法治观念和法律素养。通过系统的法学理论教育，使法学人才树立正确的法治理念，树立法律意识，增强法律意识，自觉遵守法律，培养其遵纪守法、尊法学法、用法治解决问题的思维意识和行为习惯。同时，还要注重培养法学人才的批判性思维和创新能力，使其能够在法学领域具备较高的理论水平和实践能力，为法治建设提供有力的智力支持。加强法学理论教育还需要注重教学内容的更新和创新，法学理论教育应当紧密结合法治建设的实际需求和社会发展的新要求，及时更新教学内容，引导法学人才关注社会热点、法律变革等问题，培养其关注社会、关心民生、服务大局的意识和能力，不断提高法学理论教育的针对性和实效性。

（三）推动法学理论成果转化

推动法学理论成果转化为法治建设的实践成果，是提高法治建设实效性和科学性的重要举措。法学理论研究的成果如果不能及时转化为法治建设的实践成果，就无法真正发挥其应有的作用。因此，加强法学理论成果的转化，对于推动法治建设具有重要意义。在推动法学理论成果转化的过程中，需要注重以下几点。首先，要加强法学理论研究与实际问题的结合。法学理论研究应当紧密结合法治建设的实际需求和社会发展的新要求，深入探讨法治建设中的重大理论和实践问题，提出切实可行的对策和建议。只有将法学理论研究与实际问题相结合，才能更好地推动法学理论成果的转化。其次，要加强法学理论成果的宣传和推广。通过多种形式和途径，向社会各界广泛宣传法学理论成果，提高社会对法学理论成果的认知度和接受度，推动法学理论成果更好地转化为法治建设的实践成果。最后，还要鼓励和支持法学理论成果的应用和创新，为法治建设提供更加丰富和有效的理论支持。其次，要加强法学理论成果的跟踪和评估，及时跟踪和评估法学理论成果在法治建设中的应用情况和效果，总结经验，发现问题，及时调整和完善理论成果，推动法学理论成果的不断转化和创新，为法治建设提供更加有力的智力支持。

（四）建立健全的法学研究体系

建立健全的法学研究体系，是提高法学研究质量和效益的重要保障。法学研究是法治建设的重要组成部分，其质量和水平直接影响着法治建设的效果和成效。在建立健全的法学研究体系方面，一要注重构建多层次、多领域的法学研究网络；二要建立起涵盖理论研究、应用研究、实证研究等不同领域和层次的法学研究网络，促进不同领域、不同学科之间的交流与合作，进而推动法学研究的全面发展。

要注重完善法学研究机构和平台。要建立健全法学研究机构和平台，提供良好的研究条件和环境，为法学研究人员开展研究提供支持和保障。同时，要鼓励和支持法学研究机构和平台开展多样化、多层次的研究活动，促进法学研究的深入发展。要注重加强法学研究人才队伍建设，培养和引进一批具有国际视野和国际水准的法学研究人才，提高法学研究人才的学术水平和研究能力，为法学研究的发展提供强有力的人才支持。

（五）促进法学理论创新

为促进法学理论的创新，需要积极探索法学研究的前沿问题，拓宽法学理论的研究领域，为法治建设提供新的思路和方法。法学理论的创新是法治建设的内在要求，只有不断推进法学理论的创新，才能更好地适应社会发展的需求，推动法治建设不断向前发展。在促进法学理论创新的过程中，要注重以下几点。

首先，要加强法学研究的前沿性和热点性。法学研究应当紧密结合国家发展和社会变革的实际需求，关注法学研究的前沿问题和热点话题，积极探索新理论、新观念，为法治建设提供新的理论支持。

其次，要鼓励法学研究人员进行跨学科研究。法学研究应当与其他学科的研究相结合，借鉴其他学科的研究方法和成果，拓宽法学研究的视野和思路，促进法学理论的创新。只有通过跨学科研究，才能更好地解决法治建设中的复杂问题，推动法治建设向更高水平发展。

最后，要注重加强青年法学研究人才的培养和引进。青年法学研究人才是法学理论创新的重要力量，要重视培养和引进一批具有创新意识和创新能力的青年法学研究人才，为法学理论的创新注入新的活力和动力。

第三节　法学理论与法律改革

一、法学理论与法律改革的发展

（一）反哺理论

法律改革的实践经验和问题反过来促进了法学理论的发展，这一过程体现了理论与实践相互促进、相互反哺的关系。法学理论在不断吸收法律改革的经验教训中得以不断完善和发展，从而更好地适应社会发展和法治建设的需要。法学理论需要借鉴法律改革的实践经验，法律改革是法学理论的检验场所，只有经过实践的检验，法学理论才能更加科学和完善。法学理论需要通过吸收法律改革的实践经验，发现理论的不足，不断完善和发展。

法学理论需要吸收法律改革中的问题教训。在法律改革过程中常常会遇到各种问题和挑战，这些问题和挑战为法学理论提供了重要的反思和启示。法学理论需要从法律改革中汲取经验，避免再犯类似的错误，从而不断提高理论的科学性和实用性。法学理论还需要关注法律改革的成果和效果。法律改革的成果和效果直接关系到法治建设的质量和水平，也是法学理论发展的重要参考。法学理论需要通过研究法律改革的成果和效果，提出改进意见，推动法治建设不断完善。

（二）法学研究创新

法学研究作为法律改革的理论支撑和指导，必须不断创新以适应社会发展的需要。法学理论的创新不仅是理论层面的追求，还是对法律实践的指导和规范。法学理论的创新促进了法律改革的深化和完善，在我国，法学研究在改革开放的大背景下经历了许多创新的阶段，从对传统法律文化的传承到对现代法律体系的建构，每一个阶段都反映了对法学理论的不断完善和发展。法学研究的创新使得法学理论更加贴近社会实践，更加具有指导性和可操作性，为法律改革提供了坚实的理论基础。

法学研究也受到了法律改革的激励和启发，推动了法学研究的不断进步。法学研究者在面对实际问题时，往往会受到法律改革的冲击和挑战，这种冲击和挑战迫使法学研究者不断反思传统的理论观念，寻求更加符合时代要求的理论框架。例如，在中国的土地制度改革中，法学研究者就通过对传统的土地法律理论进行反思和创新，提出了更加符合现代土地制度改革要求的理论观点，为土地制度改革提供了有力的法学支持。

（三）法律改革的实践检验

法律改革的实践检验是法学理论得以验证和完善的重要途径。在实践中，法学理论必须与社会现实相结合，才能够发挥其指导和规范作用。实践检验不仅是对法学理论的一种考验，更是对法律改革成效的一种检验。只有通过实践的检验，法学理论才能够不断完善和发展，为法治建设提供更加坚实的理论基础。法律改革的实践检验首先体现在对法律规范的适用和效果的评估上。在法律改革的过程中，法学理论提出了一系列的法律规范和制度设计方案，这些方案需要在实践中得到验证。法律改革的实践检验还体现在对法律体系的完善和建设上。法学理论在法律改革中提出了一些新的法律理念和制度设计方案，这些方案需要在实践中得到验证，才能够成为法律体系的一部分。例如，在中国的社会主义市场经济条件下，法学理论提出了一系列关于市场经济条件下法律体系的建设方案，为市场经济条件下的法律建设提供指导和支持。

（四）共同促进法治建设

法学理论和法律改革作为法治建设的两大支柱，共同促进了法治建设的不断发展。法学理论为法律改革提供了重要的理论支持和指导。法学理论的研究成果为法律改革提供了理论基础，为法律制度的设计和完善提供了思路和方向。例如，在我国的社会主义法治建设中，法学理论为构建社会主义法治理论体系提供了重要支撑，为法律改革提供了理论指导，推动了法治建设的不断深化和完善。

法律改革的实践反过来又促进了法学理论的发展。法律改革的实践为法学理论提供了验证的机会，通过实践的检验，法学理论得以不断完善和发展。法学理论通过对实践经验的总结和反思，不断提出新的理论观点和方法论，为法治建设提供了更加丰富和深刻的理论支持。例如，在我国的法治建设中，法学理论通过对法律实践的分析和总结，提出了一系列适合我国国情的法治建设理论，为我国的法治建设提供了重要的理论支持。

二、法学理论与法律改革的途径

（一）理论指导法律改革

法学理论在指导法律改革方面具有重要作用。首先，法学理论可以通过提出新的理论观点和方法论，为法律改革提供方向和目标。例如，在环境保护领域，法学理论对环境法律体系的研究可以启发立法者制定更加完善的环境保护法律，以适应社会对环境保护需求的提高。法学理论的指导使得法律改革更具有针对性和前瞻性。其次，法学理论可以为法律改革提供前瞻性的思考和建议。通过对现有法律制度的分析和评估，法学理论可以提出具有针对性的改革方案，为法律改革提供理论支持。例如，在知识产权领域，法学理论的研究可以为完善知识产权法律体系提供理论支持，促进知识产权保护的法律改革。最后，法学理论还可以通过对法律规范的理论探讨，为法律改革提供思路和方法。例如，在国际贸易法领域，法学理论对国际贸易规则的研究可以为完善国际贸易法律体系提供理论支持，推动国际贸易法的不断发展和完善。

（二）实践检验法学理论

在法律改革的实践中，法学理论得以检验和验证，进而不断完善和发展。法学理论在实践中的应用可以验证其可行性和有效性。例如，法学理论提出了一些关于知识产权保护的理论观点和方法论，通过实践应用，可以验证这些理论观点和方法论的实际效果，从而为理论的进一步完善提供实践基础。法学理论在实践中的检验可以促进法学理论的发展和完善。通过实践反馈，法学界可以更加深入地了解法律规定的实际效果，从而调整和完善相关理论观点。例如，法学理论对环境法律体系的研究可以通过实践检验，不断发现和解决实践中的问题，进而推动环境法学理论的不断发展和完善。法学理论在实践中的应用和检验还可以为法律改革提供经验和借鉴。通过对法学理论在实践中的应用和检验，可以总结出一些成功的经验和做法，为今后的法律改革提供借鉴和参考。例如，在社会治安管理领域，法学理论对社会治安管理的研究可以通过实践检验，总结出一些有效的管理经验，为今后的社会治安管理提供借鉴和参考。

（三）学理与实务相结合

将法学理论与法律改革在学理和实务上相结合，是促进法治建设的重要途径，法学理论的研究成果可以为法律改革提供理论支持。法学理论的研究成果为法律改革提供了理论指导和思路，指明了改革的方向和目标。例如，在劳动法领域，法学理论对劳动法律体系的研究可以为完善劳动法律制度提供理论支持，推动劳动法律改革的深化和完善。法律改革的实践可以为法学理论的研究提供实证数据和案例，法律改革的实践反过来也可以为法学理论的研究提供实证数据和案例。例如，在刑事法领域，法学理论对刑事法律制度的研究可以通过实践检验，为刑事法学理论的不断发展和完善提供实证数据和案例。学理与实务相结合有助于弥补理论与实践之间的鸿沟，使法学理论更具有操作性和指导性。通过将法学理论与法律改革实践进行结合，可以使法学理论更加贴近实际情况，更具有操作性和指导性，从而推动法律改革的顺利实施。同时，学理与实务相结合也使法律改革更具有理论基础和规范性。法学理论的研究成果为法律改革提供了理论支持，使法律改革更具有理论基础和规范性。

（四）学术与政策相结合

将法学理论与法律改革相结合，有助于促进法治建设的深入发展，法学理论的研究成果可以为法律改革提供学术支持。法律改革的实践可以为法学理论的研究提供政策借鉴，通过法律改革的实践，可以发现实践中存在的问题和挑战，为法学理论的研究提供实证数据和案例，从而为法学理论的研究提供政策借鉴。例如，法律改革的实践可以为社会治安管理的法学研究提供政策借鉴，推动社会治安管理的法学研究不断向前发展。学术与政策相结合有助于使法学研究更加贴近社会实践和政策需求。通过将法学研究与政策实践相结合，可以使法学研究更加贴近社会实践和政策需求，更具有现实意义和实践指导意义，从而推动法学研究不断向前发展。同时，学术与政策相结合也有助于使法律改革更具有学术深度和理论支持。

第四节　法学理论与法律实施

一、法学理论与法律实施的背景

(一) 社会背景

社会背景是法学理论形成和法律实施的重要因素，对法学理论的发展和法律实施的效果产生深远影响。社会结构是社会背景的重要组成部分，它反映了社会成员之间的相互关系和地位分配。在不同的社会结构下，法学理论和法律实施的重点和方向也会有所不同。例如，在农业社会结构中，法学理论可能更加注重土地权益和家庭关系的法律规范，而在工业化社会结构中，法学理论可能更加注重劳动权益和产权保护的法律规范。社会制度是社会背景的重要组成部分，它反映了社会的政治、经济和文化组织形式。不同的社会制度会对法学理论和法律实施产生重要影响。例如，在社会主义制度下，法学理论可能更加注重公有制和公共利益的法律规范，而在市场经济制度下，法学理论可能更加注重私有制和市场秩序的法律规范。社会文化也是社会背景的重要组成部分，它反映了社会成员的价值观念、信仰和行为模式。不同的社会文化会对法学理论和法律实施产生深远影响。例如，在传统文化背景下，法学理论更加注重传统道德观念和社会秩序的法律规范，而在现代文化背景下，法学理论更加注重个人权利和社会公正的法律规范。

(二) 经济背景

经济背景对法学理论的形成和法律实施的效果具有重要影响。经济制度是经济背景的重要组成部分，它反映了国家经济管理和资源配置的基本方式。例如，在市场经济制度下，法学理论更加注重保护私有财产权利和促进市场秩序的法律规范，而在计划经济制度下，法学理论更加注重公有制和公共利益的法律规范。经济发展水平是经济背景的重要组成部分，它反映了国家经济总体实力和经济结构的现状。经济发展水平的高低会对法学理论和法律实施产生重要影响。例如，在经济发达地区，法律实施更加注重市场监管和促进创新的法律规范，而在经济不发达地区，法律实施更加注重资源配置和社会公平的法律规范。经济结构也是经济背景的重要组成部分，它反映了国家产业结构和经济组织形式的特点。不同的经济结构会对法学理论和法律实施产生不同的影响。例如，在农业经济结构下，法学理论更加注重土地权益和农民利益的法律规范，而在工业化经济结构下，法学理论更加注重劳动权益和工人权利的法律规范。

(三) 政治背景

政治背景对法学理论的形成和法律实施的效果具有重要影响。政治制度是政治背景的重要组成部分，它反映了国家政治管理和权力分配的基本方式。例如，在民主政治体制下，法学理论更加注重保护公民权利和民主原则的法律规范，而在专制政治体制下，法学理论更加注重政治权力和社会稳定的法律规范。政治体制是政治背景的重要组成部分，它反映了国家政治组织和权力运作的方式。政治体制的不同会对法学理论和法律实施产生重要影响。例如，在集权政治体制下，法律实施更加受到政治权力的干扰，导致法律实施效果不佳；而在分权政治体制下，法律实施更加注重法治原则和司法独立的法律规范。政治文化也是政治背景的重要组成部分，它反映了国家政治价值观念和民众政治参与的程度。不同的政治文化会对法学理论和法律实施产生不同的影响。例如，在民主政治文化下，法学理论更加注重公民权利和政治参与的法律规范，而在权威主义政治文化下，法学理论更加注重政治稳定和社会秩序的法律规范。

(四) 文化背景

文化背景对法学理论的形成和法律实施的效果具有深远影响。文化传统是文化背景的重要组成部分，它反映了一个社会或国家在历史长河中形成的文化积淀和传统习俗。在不同的文化传统下，法学理论和法律实施的侧重点和方式也会有所不同。例如，在尊重传统文化的社会背景下，法学理论更加注重传统文化价值的传承和发展，法律实施也更多地考虑传统文化对法律规范的影响。文化价值观念是文化背景的重要组成部分，它反映了一个社会或国家在特定时期对于道德、伦理和行为规范的认知和追求。不同的文化价值观念会对法学理论和法律实施产生重要影响。例如，在注重个人主义的文化背景下，法学理论更加注重个人权利和自由的法律规范，而在注重集体主义的文化背景下，法学理论更加注重社会公共利益和集体权利的法律规范。文化认同也是文化背景的重要组成部分，它反映了一个社会或国家对于自身文化身份和特征的认同与追求。文化认同对法学理论和法律实施也会产生重要影响。例如，在多元文化社会中，法学理论和法律实施可能需要考虑不同文化群体的需求和价值观念，以实现法律实施效果的多样性和包容性。

二、法学理论与法律实施的方法

(一) 法学理论的基础与作用

法学理论是对法律规范及其背后的原理和理念进行系统分析和阐释的学科体系。它不仅是法学研究的核心内容，也是指导法律实施的重要依据。法学理论的基础包括法哲学、法社会学、法律史等，这些基础性学科为法学提供了理论的支撑和方法论基础。法哲学探讨法律的本质、价值和规范性，为法学提供了基本的理论框架；法社会学研究法律在社会中的功能和作用，揭示了法律与社会的互动关系；法律史则通过对法律发展历程的研究，帮助人们更好地理解和把握法律的演变规律。

法学理论的作用是多方面的，它指导着法律实施的过程。法学理论通过对法律规范的解释和阐释，为法律实施者提供了正确理解和适用法律规范的理论指导。法学理论促进法律的科学发展，法学理论不断地对法律进行分析和评价，为法律的完善和进步提供了思想支持和学术指导，法学理论提高了法律的适应性和可操作性。通过研究法学理论，可以更好地理解法律的内在精神和价值取向，从而更好地指导法律实践，使法律更加贴近实际、更加符合社会需要。

（二）法学理论与法律实施的关系

法学理论与法律实施的关系密切，二者相互促进，共同推动着法治的发展和完善。法学理论是法律实施的理论基础。法学理论对法律的解释和阐释，为法律实施提供了理论指导和学术支撑。法律实施者可以更好地理解法律规范的内涵和精神，从而更加准确地把握法律规范的适用范围和方式，以保证法律实施的合理性和公正性。法学理论可以为法律实施者提供决策依据和问题解决方法。在法律实施过程中，经常会遇到一些复杂的法律问题和争议，而法学理论可以通过对类似问题进行分析和研究，为法律实施者提供解决问题的思路和方法，促进法律实施的科学化和规范化。法学理论的不断发展也推动着法律实施的完善和进步。随着社会的变化和发展，法学理论也在不断更新和完善，为法律实施提供了新的理论视角和思维方式，推动了法律实施的创新和发展。法学理论与法律实施之间存在着密切的关系，二者相互依存、相互促进，共同推动着法治的发展和进步。

（三）法学理论的发展与变革

随着社会的不断发展和法律实践的深化，法学理论也在不断发展与变革。这种变革和发展不仅是对过去理论的总结和扬弃，更是对未来法治建设的指导和支撑，法学理论的发展与变革反映了法律实践的需求和社会的发展趋势。随着社会经济的快速发展和全球化的进程，法律实践所面临的问题也日益复杂和多样化，需要不断有新的理论来指导实践。法学理论的发展与变革具有很强的现实性和实践指导意义。法学理论的发展不是空泛的学术争论，而是为了更好地解决实际问题，推动法治建设和社会进步。法学理论的发展与变革需要不断总结经验，吸取教训。在法学理论的发展过程中，需要深入分析和总结实践经验，发现问题的症结所在，并寻找解决问题的有效途径。法学理论的发展与变革要推动法学理论与法律实践的密切结合。法学理论不能脱离实践而空谈，必须与法律实践相结合，才能更好地指导法律实施，促进社会的发展和进步。法学理论的发展与变革是一个不断迭代的过程，需要不断总结经验，推动理论与实践的结合，以促进法治建设和社会进步。

（四）法律实施的方法与技巧

法律实施者需要运用一系列方法和技巧，以确保法律的正确适用和实施。法律实施的方法包括法律适用、法律解释和法律运用等方面。法律适用是指根据具体情况，正确选择和运用适用的法律规范；法律解释是指对法律规范进行解释和阐释，以确定其含义和适用范围；法律运用则是指将法律规范应用到具体案件中，解决实际问题。法律实施者需要具备扎实的法律知识和丰富的实践经验，扎实的法律知识是指对法律规范和理论有深入的理解和掌握，能够准确把握法律规范的要求和精神；丰富的实践经验则是指在实际工作中积累的处理案件和解决问题的经验，能够灵活地运用法律知识解决复杂问题。法律实施者还需要具备良好的法律素养和职业道德。良好的法律素养包括法治观念、法律意识和法律修养等方面，能够保证法律实施者正确理解和执行法律。职业道德则是指法律实施者应该遵守的道德规范和职业操守，能够保证法律实施的公正、公平和合法。

第三章　民商法基础理论

第一节　民商法的起源、发展和体系

一、民商法的起源与初步发展

（一）民商法的起源

1. 古代社会中的贸易与交往

古代社会中的贸易与交往是一个充满多元文化和经济往来的复杂过程。贸易与交往在古代社会中扮演着重要的角色，催生了一系列法律规范和原则，这标志着古代民商法的起源与初步发展。贸易和交往的频繁往来促进了法律制度的建立，形成了一系列对商业交易和社会交往进行规范的法律原则。

古代社会中，贸易与交往是不同文明间进行文化、物质交流的主要形式之一。这种交往多发生在商业城市交会之地，各种商品、文化和人才在这里交会流通。随着贸易活动的增多，社会各个阶层的关系变得更为复杂，需要一种有效的法律规范来保障各方权益[①]。这种需求推动了民商法的初步发展。

民商法的起源可以追溯到古代文明中对贸易和交往的法律规范。不同文明制定了一系列关于合同、买卖、借贷等方面的法律规定，以适应日益复杂的商业交往。这些法律规范构成了古代民商法的雏形，为后来的法律制度奠定了基础。

贸易与交往的兴盛也催生了民商法的初步发展。在贸易活动中，商人之间的合同成为一种重要的交往方式。各种交易活动需要明确的法律规范，

① 杨延超．大模型时代我国人工智能法学理论体系的构建 [J]. 江汉学术，2024，43（1）：45−57.

于是乎，商业交往的合同法、赊欠法等开始逐渐形成。这些法规体现了当时社会对贸易和交往的需求，为商业法的发展提供了实际案例和法律经验。

古代社会的法律体系中也开始涌现一些与商业相关的法律条文。这些法律规定主要关注贸易活动中产生的争议，如交易纠纷、违约责任等问题。这一时期的法律规范虽然还不够系统和完备，但标志着古代社会对贸易和交往进行法律规范的初步尝试。

随着商业交往的日益频繁，贸易与交往的法律规范逐渐演化为更为系统和复杂的民商法。在古代罗马，出现了以《吉斯托斯篇》为代表的法律文献，它详细规定了贸易活动中的法律责任、合同解释等方面的问题，成为古代民商法发展的里程碑。这一时期的法律文献为后来法学体系的形成提供了经验积累和理论支持。

古代社会中的贸易与交往催生了民商法的起源与初步发展。商业活动的复杂性催生了对贸易和交往进行法律规范的需求，形成了古代社会中关于商业交往的一系列法律原则和规范。这些法律规定奠定了古代民商法的基础，为后来法学体系的建立和发展提供了重要经验和理论支持。

2. 初步形成的民商法观念

民商法观念的初步形成源于对社会交往规律的认知与实践需要，其起源与初步发展是在人类社会逐渐从封建专制主义向资本主义过渡的历史背景下逐步形成的。这一观念的萌芽可以追溯到古代社会的商业交往和贸易实践，经历了漫长的历史沉淀和不断调整，在近现代得到了更为系统的发展。在这一历史演进的过程中，民商法观念的初步形成既受到了古代商业风俗的影响，也受到社会制度和经济变革的深刻影响。

古代社会的商业交往和贸易实践为民商法观念的初步形成提供了重要的基础。在古代，商业活动逐渐崭露头角，人们开始意识到商业交往需要一定的规则和制度来保障，这为民商法观念的形成奠定了基础。商人之间的交往渐渐呈现出一些共同的规律，这种规律的形成促使人们逐渐认识到需要明确的法律规则来调整商业活动。

随着社会制度的演变，民商法观念在封建社会中逐步发展。在封建社会，封建制度逐渐衰落，城市商业经济逐渐兴起，贸易活动日益频繁。这一时期的商业交往呈现出新的特点，商人之间的合同关系、债务关系等问题开始引起人们的关注。社会对商业交往需要明确的法律规则的需求逐渐增强，为民商法观念的初步形成提供了条件。

在近现代，随着资本主义制度的兴起，民商法观念得到了更为系统的发展。资本主义制度的确立促使了商业经济的快速发展，商业交往变得更加复杂，商业法律制度得到了更为深入的建设。在这一时期，社会对于法律体系的需求更为迫切，商法的独立性逐渐得到认可，而不再仅仅是一部分杂项法律。民商法观念的初步形成也体现在法学理论中，法学家开始逐步提出和完善有关商法的理论体系。

民商法观念的初步形成不仅受到了经济因素的影响，还受到了文化、伦理等多方面因素的影响。商人之间的信用、公平等价值观念逐渐渗透到法律规则中，形成了一系列关于契约、合同、权利和义务等的法律概念。这种观念的形成既反映了商业活动的实践需要，也反映了社会对公平、正义的追求。

民商法观念的初步形成是在人类社会逐渐由封建专制主义向资本主义过渡的历史进程中逐步演化的。古代社会的商业活动为民商法观念提供了基础，封建社会的商业经济兴起促使了法律规则的初步形成，而近现代资本主义制度的确立使得民商法观念得到了更为系统和深入的发展。这一观念的形成既受到了商业实践的影响，也受到了社会制度和文化传统的影响，是法律体系不断演进的产物。

(二) 民商法的古代发展

民商法的演变是历史的延续，其起源与初步发展贯穿古代法制的演变过程。人们对于财产和交易的关系逐渐认识到需要一种特殊的法律制度来规范，这便催生了民商法的萌芽。在远古时期的原始社会，人们的交易行为主要基于物物交换，而随着社会分工的加深和经济关系的复杂化，人们开始意识到需要一套更为明确和有效的规则来管理交易与财产关系。

最早的民商法的起源可以追溯到古代文明的发祥地之一的美索不达米亚。在美索不达米亚地区，早期的商业活动日益频繁，人们对于合同、债务和财产权益等问题的认识逐渐深入。《汉谟拉比法典》作为古代法典之一，记录了丰富的贸易法规，为后来的民商法的形成奠定了基础。这一时期的法规主要注重对合同的约束，确保交易的公平和有序进行。

随着古代社会的演变，埃及、印度、希腊和罗马等文明也相继涌现了对民商法的探讨和制度建设。在埃及，《罗塞塔石碑》上留有一些关于合同和贸易的文字，反映了当时社会对商业活动的关注。在印度，阿尔达萨斯德法典为印度古代的商法提供了法律依据，规范了商业合同和债务关系。而在希腊，亚里士多德的法律思想中也包含了对财产和交易的一些规范。而罗马法的发展更为深远，罗马帝国时期的《审议公式书》为当时商业契约提供了详细的法律程序，对后来欧洲民商法的形成产生了深刻的影响。

随着商业活动的不断扩大，人们对于财产和交易规则的需求逐渐升级。民商法在这一时期的初步发展主要体现在合同法、物权法和商法等方面。各种形式的交易契约在法律上得到认可和规范，财产的所有权和转让逐渐明确。商业法庭也在一些地区设立，专门审理商业纠纷，为商业活动提供了更为有效的法律保障。

古代社会对于财产和交易关系的认识逐渐深化，从而催生了民商法的起源与初步发展。在美索不达米亚、埃及、印度、希腊和罗马等古代文明中，人们逐渐形成了对商业活动的法律规范，为后来民商法的演进奠定了基础。这一时期的法律制度主要注重合同、物权和商业交易等方面的规范，为后来法律体系的建立提供了丰富的经验和法律思想。

二、民商法的现代发展与体系建设

(一) 民商法的近代演进

近代社会中，民商法经历了显著的演进与发展，其现代发展与体系呈现出多元而复杂的特征。近代以来，社会经济结构的变革和法律理念的更新，使得民商法在法学领域发生了深刻的变革。这一演进既受到经济、社会发展的影响，也反映了法学体系的理论创新和实践需求。

近代民商法的演进受到社会经济结构变革的深刻影响。随着近代社会的工商业发展，传统的农耕经济逐渐演变为现代工业经济，贸易与交往的方式和规模都发生了巨大的变化。这种变革对民商法提出了新的挑战，需要更加灵活和具体的法律规定来适应不断变化的经济环境。

在近代，法学家们对民商法进行了深入的理论研究和反思。对合同法、公司法等领域的深入思考，使得近代民商法理论更加丰富和系统。例如，合同法的理论体系得以不断完善，对自由意志原则、平等原则等法律原则进行深入剖析，形成了更加科学合理的合同法体系，这种理论的创新为近代民商法的现代发展提供了理论支持。

民商法的现代发展也受到国际经济合作与全球化的影响。不同国家之间的贸易与交往越来越频繁，国际商业法、国际经济法等领域逐渐崭露头角。对国际商法的研究与制定，使得民商法的现代体系更具全球视野。各国的法学家们通过比较法学的方法，汲取其他国家的先进经验，形成了更为国际化和通用的民商法体系。

近代民商法的发展还受到了社会主义法律理念的影响。在一些社会主义国家，法学家们致力将民商法与社会主义法治理念相结合，使其更好地服务于社会主义经济体制。这种法学理念的注入使得民商法在社会主义背景下形成了独特的法律特点，更加突出社会公平和公正的原则。

民商法的现代发展还反映了对公平交易、保护弱势群体等方面的法律规范的加强。合同法、消费者权益保护法等法规的出台，体现了对商业行为公平、合理的要求，强调法律对弱势群体的保护，这种倾向为构建更为完善的民商法体系提供了法律支持。

近代社会中民商法的演进与现代发展是在多方面因素的综合影响下形成的。从社会经济结构的变革到法学理论的深化，从国际化视野到社会主义法治理念的注入，都为民商法的现代发展提供了多方位的动力和支持。近代民商法体系的形成既是对传统法学体系的创新，也是对当代法律需求的回应，为商业交往提供了更为科学、公正、稳定的法律保障。

（二）当代民商法的体系与特点

当代民商法体系呈现出多层次、多领域的特点，体现了现代社会复杂经济关系和法律实践的需求。这一体系的形成与发展是在全球化、信息化等多重因素的影响下逐步演变的。当代民商法的发展在强调实质正义的同时也注重法律的适应性和灵活性，体现了法律体系对社会现实的敏感性。

当代民商法的体系特点之一是多层次性。在全球化和国际化的背景下，国家之间的经济往来日益频繁，民商法不再仅仅局限于国内范围。国际商事活动的增多促使了国际民商法的发展，形成了以国际贸易法、国际私法等为主的多层次体系。这一体系的形成使不同国家和地区的法律能够在民商领域建立更为统一和协调的规则，为全球商业提供了更为便利和稳定的法律环境。

当代民商法体系还呈现出多领域的特点。随着社会经济的不断发展和法律实践的不断丰富，民商法涵盖的领域不再仅限于传统的合同、侵权等范畴。知识产权法、电子商务法等新兴领域的法律规制逐渐完善，环境法、劳动法等领域的法律也与民商法产生了更为密切的联系。这种多领域的发展使得当代民商法体系更为全面和复杂，能够更好地适应社会的多元化需求。

当代民商法的现代发展在体现法律适应性的同时也强调实践性。在面对不断变化的社会经济形势和科技进步的挑战时，民商法体系不再僵化和守旧，而是更加注重灵活性和创新性。通过对新技术、新业态的法律规制，当代民商法体系更好地服务于社会的实际需求，为经济活动提供了更为便捷和可行的法律框架。

当代民商法体系的发展还体现了对实质正义的关注。随着社会对公平、公正的追求，当代民商法在规制经济活动的同时更加注重社会责任和公共利益的保护。反垄断法、消费者权益保护法等法律的制定和完善，体现了法律体系对于维护市场公平竞争和保障公众利益的关切。这种注重实质正义的法律规制使得当代民商法更符合社会的价值取向，更有助于社会的可持续发展。

当代民商法体系在多层次、多领域的基础上，体现了法律对社会现实的敏感性和适应性。在全球化、信息化等多重因素的影响下，当代民商法通过对国际化和多元化的认识，形成了更为开放和协调的体系。当代民商法强调灵活性、实践性和对实质正义的关注，为法律体系的不断完善和发展提供了有力的支持。这一体系的形成是法学理论和法律实践相互作用的产物，既体现了法学思维的深度，也反映了法律规制的实际需求。

第二节　民商法的基本原则和法律体系

一、民商法的基本原则

（一）契约自由原则

契约自由原则是民商法的重要基本原则之一，是一种对个体自由的尊重和对契约精神的肯定。契约自由原则的核心在于，个体在市场经济体系中享有与他人自由平等达成协议的权利，即与他人通过契约达成合法协议的自由。这一原则的确立和实践对于维护市场经济的正常运行和社会的公平公正至关重要。

契约自由原则的理论基础可以追溯到古典自由主义思想。古典自由主义强调个体的自由权利，认为国家应该最小化干预市场，个体应该能够自由行使他们的权利，包括与他人达成契约的权利。这一思想在18世纪的启蒙时代得到了充分发展，契约自由成为市场经济的核心理念之一。

在民商法中，契约自由原则得到了广泛的运用和体现。契约自由原则为个体提供了自由选择的权利。在市场经济中，个体能够自主决定是否参与交易，以及与谁、以何种方式参与交易。这种选择权的存在使市场具有弹性和活力，个体能够更好地适应市场变化。

契约自由原则保障了契约的平等性。在签订契约的过程中，各方在平等的基础上进行谈判，没有强迫或不公平的因素介入。契约自由原则强调契约是基于自愿和平等的基础上形成的，确保了契约的公平性和合法性。

契约自由原则也强调契约的合法性。只有在法律框架下达成的契约才是合法有效的，这既保护了合同各方的权益，也维护了社会的法律秩序。契约自由并非无限制的自由，而是在法律规定的框架下行使的自由。

契约自由原则对于商业交易的发展和繁荣具有积极的推动作用。在商业活动中，各方通过自由契约的方式确定交易条件和权利义务，充分发挥市场的调节功能，推动资源的合理配置。契约自由的存在为商业合作提供了灵活的方式，使得市场交易更具效率和创新性。

契约自由原则也需要在实践中保持平衡。在一些情况下，为了维护社会的公共利益和社会正义，国家可能需要适度地对契约自由进行干预。比如，在市场竞争过程中，为了防止垄断、保护消费者权益，国家可能会对一些交易条件和契约内容进行限制或规范。这表明契约自由并非绝对的自由，需要在法治框架下行使。

契约自由原则作为民商法的基本原则，强调了个体的自由选择权利和契约平等性。在市场经济体系中，契约自由的实践促进了市场的正常运行，保障了商业交易的效率和公正[①]。在实践中需要注意平衡，确保契约自由在法治框架下行使，同时对于一些可能损害公共利益的交易条件进行适度的干预。

（二）民商法中的权利与责任原则

在民商法体系中，权利与责任原则是其基石之一，它贯穿合同法、侵权责任法等多个领域。权利与责任原则体现了法律对社会关系的规范和调整，为商业交往提供了明确的法律基础。基于权利与责任原则，民商法体系在维护公平、保障权益、促进合法交往等方面发挥着至关重要的作用。

权利与责任原则在民商法中得到了明确的体现，主要体现在合同法中。合同作为民商法中的一个重要领域，其基础原则就是权利与责任原则。合同一方面确认了各方的权利，明确了其在合同关系中的地位和义务；另一方面规定了各方在合同履行过程中的责任和义务。这种权利与责任的平衡关系，体现了合同法对于公平交往的追求和对当事人权利与责任的平等关注。

在合同法中，自由意志原则也是权利与责任原则的具体表现。自由意志原则强调当事人在合同关系中的自主性和平等性，以确保各方在交往中享有充分的自由权利。自由意志原则要求当事人对其行为承担相应的法律责任，保障交往的公平和诚实。

在侵权责任法中，权利与责任原则同样占有重要地位。侵权责任法要求对侵害他人权利的行为承担法律责任，这既保护了个体的权利，也规定了侵权方应当承担的法律责任。侵权责任法体现了一种权利与责任相对应的法律平衡，通过赋予个体权利规定了其行为的法律后果。

在公司法、合伙企业法等领域，权利与责任原则同样得到了体现。公司法规定了公司股东、董事的权利与责任关系，保障了各方在公司治理中的

① 张恒山，李娅妮．马克思主义法学的权利观 [J]. 北京行政学院学报，2024(1)：1-9.

平等地位和相应的法律责任。合伙企业法也规定了合伙人在企业中的权利与责任，确保了合伙人之间的公平合作和共同承担责任。

民商法的基本原则中，权利与责任原则的核心在于确保当事人在交往中既享有足够的自由权利，又在权利行使过程中对其行为承担相应的法律责任。这种平衡关系是为了维护社会秩序，促进商业交往的健康发展。权利与责任原则的具体体现有助于实现当事人在交往中的平等地位，确保交往过程的公平性和正义性。

在权利与责任原则的指导下，民商法体系得以形成和发展。这一原则的贯彻，使得法律规范能够更好地适应社会发展的需求，维护各方的合法权益，促进了商业交往的法治化和规范化。权利与责任原则体现了民商法体系对社会关系的理性调整和对法律公平的坚守，是民商法体系的基本价值追求。

二、民商法的法律体系

民商法是一个综合性的法律体系，包括了各种与商业和民事关系有关的法规和法律原则。这个法律体系的形成和发展是对社会经济关系、市场交往和合同关系的法律规范的总和。它涵盖了广泛的领域，如合同法、公司法、商标法、专利法等，为商业活动和民事关系提供了法律框架。

民商法的法律体系首先体现在合同法领域。合同法作为商业和民事关系的基石，是民商法体系中极为重要的法律规范。合同法作出了合同的成立、履行、变更、解除等各个方面的法律规定，为市场经济中各种合同关系的建立和维护提供了明确的法律依据。合同法还对不同类型的合同，如买卖合同、租赁合同、劳动合同等，作出了具体的规定，以适应多样化的社会经济活动。

公司法是民商法体系中另一个重要的组成部分。公司法作出了公司的组织形式、经营管理、股东权利等方面的法律规定。它为企业在法律框架下进行合法合规的经营提供了基础。公司法不仅关注公司内部组织和运作，也涉及公司与其他主体之间的法律关系，如合并收购、股权转让等。通过公司法的规范，社会经济活动得以在法治的轨道上进行，保障了各方当事人的合法权益。

知识产权法是民商法体系中的重要组成部分。随着科技进步和信息化发展，知识产权的保护变得越发重要。专利法、商标法、著作权法等法规的制定，为创新和知识产权的保护提供了法律支持。知识产权法既关注创新者的权益，也保障了公共利益。它通过法定的专利权期限、注册商标的程序等规定，平衡了创新者的权益和社会的共同利益，推动了科技和文化的发展。

债权法和债务法构成了民商法体系中重要的法律规范。它规定了债权人与债务人之间的权利和义务，为债务关系的形成和履行提供了法律依据。债权法关注的不仅是合同关系中的债权，还包括了侵权行为所导致的债权。这为商业交往和个体生活中的债权关系提供了明确的法律规范，确保了合同的履行和债务的清偿。

民商法的法律体系是一个复杂而有机的系统，各个法律分支相互交织，构成了一个完整的法律框架。它既关注商业活动的规范，又注重个体的权益保护，体现了法律在维护社会公平、正义和秩序方面的功能。民商法体系的形成和发展是对社会经济关系、市场交往和合同关系的法律规范的总和，为商业和民事领域提供了丰富而完善的法律支持。通过不断完善和调整，民商法体系将更好地适应社会发展的需求，保障法治环境下的经济活动和社会关系。

第三节　民商法在民事法律体系中的地位与作用

一、民商法在民事法律体系中的地位

(一) 民商法与一般民事法的关系

在法律体系中，民商法与一般民事法有着密切的关系，共同构建了完整的民事法律框架。民商法作为一个特殊的法律分支，有其独特的规范对象和法律体系。在整个民事法律体系中，民商法扮演着重要的角色，其地位体现了对商业交往和市场经济的法律调整和保障。

民商法与一般民事法的关系体现在法律对象的不同。一般民事法覆盖了社会生活中的广泛领域，包括人身权利、财产权利等。而民商法主要关注

商业交往中的法律关系，其规范对象主要是商业主体及其交往行为。两者在法律对象上有所区分，形成了相互补充的关系。一般民事法作为基础，为法律体系提供了普适的法律原则，而民商法则更具专业性，针对商业活动提供了更为具体和精细的法律规定。

民商法在民事法律体系中的地位体现在其专业性和适用范围的独特性。商业交往具有复杂性和专业性，因此需要更为具体和专业的法律规范来应对。民商法作为一个独立的法学领域，涉及合同法、公司法、商标法等多个子领域，通过对商业活动中常见法律问题的具体规定，为商业主体提供了明确的法律指引。其专业性使得民商法在民事法律体系中的地位不可替代，对商业活动的法律规范起到了关键的作用①。

民商法在法律责任的规定上更为细致和具体。在商业交往中，合同履行、侵权责任、公司治理等方面常常涉及具体的商业实践和交往模式。相对于一般民事法的一般性规定，民商法通过对商业实践中常见问题的法律规范，使得法律责任更加具体、明确，便于商业主体在实践中运用。

民商法的发展也受到市场经济发展的影响。随着市场经济的不断深化，商业交往呈现出更为多元、复杂的特征，对法律体系提出了更高的要求。民商法在这一背景下得以进一步完善和发展，以更好地适应市场经济发展的需要。

民商法与一般民事法在法律体系中是相辅相成、相互交融的。它们共同构建了完整的民事法律框架，通过对不同法律对象的规范、专业性的发挥，为商业交往提供了有力的法律支持。民商法的独立性和专业性使得其在法律体系中占据了重要的地位，为商业活动的法律规范和保障提供了坚实的基础。

（二）民商法在法律体系中的层级与地位

民商法在法律体系中占有重要的层级和地位，是民事法律体系中的一个重要组成部分。其地位体现在其法律属性、法律体系中的关系以及对社会经济发展的引导作用。

---

① 周国兴，唐梓皓．马克思主义法治理论的中国化飞跃：习近平法治思想研究述评[J].昆明理工大学学报(社会科学版)，2023，23(6)：1-14.

民商法作为法律体系中的一个层级，是在民法之上、经济法之下的中间层级。民法作为基础法律体系，主要规范了个体之间的法律关系，而民商法则更加侧重于商业和经济领域，对商业活动和市场交往提供了更为具体和专业的法律规范。民商法不同于一般的民法规定，其特殊性在于其更专注于商业和经济活动中的法律问题，对市场经济体系的正常运作和发展发挥着关键作用。

民商法在法律体系中的地位还表现为其与其他法律分支的紧密关系。在民事法律体系中，民商法与合同法、公司法、知识产权法等诸多法律分支相互交织，形成了一个复杂而有机的网络。这些法律分支之间的关系紧密而又相互独立，构成了法律体系中一个相对完备的框架。合同法规定了民商关系中的契约关系，公司法则主要规范了商业企业的组织形式和运营管理，知识产权法则为商业创新提供了法律保障。这些法律分支的互相配合和补充，为商业和民事领域的法律问题提供了全面的解决方案。

民商法在法律体系中的地位还表现为其对社会经济发展的引导作用。随着社会的不断进步和经济的不断发展，民商法在法律体系中的地位越发凸显。商业活动的复杂性和多样性要求法律体系能够提供相应的法律规范，而民商法则为这一需求提供了理论和实践的支持。通过对商业合同、公司经营等方面的规范，民商法为经济体系的正常运行提供了法律基础。知识产权法的健全与完善，也为创新和科技发展创造了良好的法律环境，使得社会经济更具活力和竞争力。

作为一个中间层级的法律分支，它对商业和经济活动提供了具体和专业的法律规范，形成了一个与民法和经济法相互补充和相互配合的复杂体系。民商法的发展不仅为商业和市场经济的发展提供了法律支持，同时也为其他法律分支的完善和健全提供了范例。其在法律层级中的独特地位和多方面的功能使得其在法律体系中的地位得以巩固和加强。

二、民商法在民事法律体系中的作用

(一) 民商法对合同关系的规范

民商法在对合同关系的规范方面发挥着至关重要的作用。合同是一种重要的法律工具，它在社会交往中扮演着协调各方利益、规范交易行为的重要角色。民商法通过对合同的规范，既保障了市场经济的正常运行，也维护了个体的合法权益。合同规范的完善和实施不仅有助于商业活动的健康发展，也构建了社会秩序的稳定框架。

民商法对合同关系的规范体现在对合同的形成、效力、履行和变更等方面的详细规定。在合同的形成阶段，民商法规定了合同的基本要素，如合同当事人、合同标的、合同形式等，以确保合同的合法性和有效性。这有助于防范不正当行为，保障合同交易的真实性和公正性。

对于合同效力的规范涉及合同的生效条件、生效时间等方面的具体规定。合同生效的前提条件在法律中得到明确，保证了合同关系的正常发展。对于生效时间的规定有助于合同当事人合理安排交易时间，提高合同交易的效率。

在合同的履行方面，民商法制定了当事人的履行义务、违约责任、履行方式等方面的规范。通过对合同履行的明确规定，维护了合同当事人的合法权益，确保了合同的正常执行。违约责任的设定也在一定程度上起到了规范和威慑作用，促使当事人履行合同义务。

对于合同的变更和解除，民商法也提供了详尽的规范。合同的变更需要符合法律规定的条件，保障了变更的合法性和合理性。合同的解除也得到了明确的法律规定，既保护了当事人的解除权利，也对解除的条件和程序进行了规范，维护了合同关系的公平和合法性。

民商法对合同关系的规范不仅体现在合同交易的各个环节，还在特殊类型的合同中进行了细致的规定。例如，劳动合同、租赁合同、销售合同等不同类型的合同都有了详细的法律规范，各类合同在法律框架下都能够得到充分的保障。

民商法的合同规范起到了社会经济运行的基础性作用。它为市场经济提供了法治框架，保障了交易的合法性和公平性。合同的规范使市场能够依法运作，各方能够在公平、透明的基础上进行交易，增强了市场信任度。

合同规范有助于促进商业活动的稳健发展。在一个法治的环境下，企业和个体更加愿意参与合同交易，因为法律的明确规定使得合同更加具有法律效力，权利和义务更加清晰。这为商业活动的长期健康发展提供了有力的保障。

合同规范还有助于社会公共秩序的维护。通过对合同的规范，法律为社会关系的协调提供了一种有效的机制，减少了合同纠纷和争端的发生，这有助于社会的稳定和法治的强化。

民商法对合同关系的规范是民事法律体系中的一个重要组成部分。民商法对合同的形成、效力、履行、变更和解除等方面进行了详细规范。这种规范的存在有助于建立一个健康有序的社会交往环境，推动社会的经济和法治发展。

(二) 合同的成立、履行与解除

合同作为民事法律体系中的核心概念，涉及合同的成立、履行与解除等多个方面。这一法律概念在民商法中扮演着至关重要的角色，其作用不仅在于规范当事人之间的合作关系，也体现了法律对商业活动的调整和保障。

合同的成立是民商法中的一个基础环节。成立合同是当事人自主意愿的结果，反映了自由意志原则在合同法领域的具体体现。合同的成立需要符合法定的成立条件，如要素齐备、目的合法等。成立合同是商业交往的起点，规范了当事人之间的法律关系，明确了各方的权利和义务。

合同的履行是民商法中的一个关键环节。合同的履行涉及合同义务的履行，包括支付货款、提供服务、交付商品等。履行合同是当事人应尽的法定义务，是合同法对当事人实际行为的法律规范。在合同的履行中，合同法规定了合同履行的方式、期限、质量标准等，以确保合同的有效履行。

合同的解除是民商法中的一个重要环节。解除合同是在合同当事人之间存在争议、履行不力等情况下的一种法律处理方式。合同法规定了合同解除的条件、程序和后果等。解除合同的条件包括当事人协商一致、违约、不可抗力等多种情形，解除合同的程序和后果则在法律中有明确规定，以保障合同解除的合法性和公平性。

在合同的成立、履行与解除中，民商法发挥了多重作用。通过规范合同的成立，民商法确保了合同的合法性和自由性。通过对合同履行的具体规定，民商法保障了合同的实际履行过程中各方的权益。通过对合同解除的条件和程序的规定，民商法对合同解除进行了法律调整，使得合同解除在一定的法律框架内进行，维护了合同当事人的合法权益。

合同作为一种法律行为和法律制度，反映了法律对自由意志的尊重和对契约精神的肯定。合同的成立、履行与解除体现了法律对当事人自主权利的保障和对交往公平的追求。通过民商法的规范和调整，商业活动在法治的框架内进行，各方在交往中能够更好地享有法定权利，确保了商业交往的公平、公正和合法。

第四章　民商法在合同与侵权领域的应用

第一节　合同法的基本原则与合同类型

随着民法典的颁布，合同法的基本原则与合同类型在新的法律框架下得到了进一步规范和完善。合同法是民法典中的一项重要内容，它规定了市场经济条件下各种合同关系的基本规则和原则，有助于促进经济活动的规范和健康发展。本节将分两部分论述合同法的基本原则和合同类型。

一、合同法的基本原则

在民法典框架下，合同法的基本原则主要包括自愿原则、平等原则、诚实信用原则、公平交易原则等。

（一）自愿原则

自愿原则是合同法的核心，确保合同建立在当事人的自主意愿之上。合同的成立应体现自愿，不受任何形式的强迫、欺诈或串通干扰。这一原则维护了个体的自由选择权，保障了合同关系的合法性和可靠性。当事人在合同订立中享有平等地位，可以在公平、诚实、信用的原则下达成协议。自愿原则的遵循有助于防止不公平的合同行为，维护了市场秩序和社会公平。

（二）平等原则

平等原则是合同法中的基本原则之一，其要求合同当事人在合同订立过程中应当处于平等地位，不应受到不合理的制约或者强制。这一原则的重要性在于确保合同双方在权利和义务上享有平等地位，从而保障双方的合法权益。合同当事人应当在合同订立过程中平等对待，不得利用其相对强势地位对另一方进行不当干涉或者强迫。这有助于防止合同中的不公平条款出现，保护弱势方的利益，维护社会公平正义。只有在双方地位平等的情况下，合同的订立才能真正代表各方的真实意愿，并且才能有效地执行。如果一方受到不合理的制约或者强制，那么所订立的合同很可能不具备法律效力，容易引发合同纠纷，损害合同当事人的合法权益。在平等地位下进行合同交易，有利于激发市场活力，推动经济的良性循环。双方在权利和义务上享有对等地位，能够更加积极地参与市场竞争，促进资源有效配置，推动经济发展。

（三）诚实信用原则

诚实信用原则在合同法中扮演着至关重要的角色，它要求合同当事人在合同履行过程中始终保持真诚和诚信。这一原则的核心在于确保双方之间的信任关系，以推动合同顺利履行。合同一旦建立，双方就应当诚实地履行自己的义务，避免采取任何欺诈、虚假陈述等违背诚信的行为。只有在诚信的基础上，合同才能真正发挥其约束力和效果。因此，诚实信用原则不仅是合同法的基本原则之一，也是社会交往和经济活动中的基石。只有当各方都以诚实信用的态度对待合同，才能维护合同关系的稳定性和可靠性，促进经济交易的健康发展。

（四）公平交易原则

公平交易原则是合同法中的重要原则之一，其核心在于确保合同的订立和履行过程中各方享有公平的待遇和权利。合同的订立和履行应当在双方自愿、平等的基础上进行，不得利用合同优势地位对弱势方进行压制或不当限制。这一原则旨在维护市场经济秩序的公平竞争，促进经济的健康发展。在公平交易原则下，合同各方应当在合同条款的订立上平等协商，确保双方权益得到充分保障，避免出现片面损害某一方利益的情况。公平交易原则不仅有利于构建诚信经济环境，也有助于促进市场资源的有效配置和公平分配。因此，遵循公平交易原则是维护合同法律关系平衡、促进社会经济持续稳定发展的必然选择。

二、合同类型

根据民法典的规定，合同可以根据合同的目的、内容和形式进行分类，常见的合同类型包括但不限于以下几种。

（一）购销合同

购销合同是商业活动中最为常见的合同类型之一，用于规范买卖双方之间的货物交易。这类合同明确规定了双方的权利和义务，包括货物的品质、数量、价格、交付方式、支付条件以及其他相关条款。购销合同的核心目的在于确立双方的权利和义务，保障交易的顺利进行和合法权益的保护。在购销合同中，卖方承诺按照约定交付货物，买方则承诺支付相应的货款。这种合同不仅在日常生活中普遍存在，也是商业领域不可或缺的法律工具。购销合同的签订有助于促进市场交易的规范化和有序化，增强了商业活动的可预见性和稳定性。因此，购销合同作为商业交易中的基础性文件，在商业活动中发挥着重要的作用，为各方提供了法律保障和交易信心。

（二）租赁合同

在租赁合同中，出租人将物品或房屋等资产交给承租人使用，而承租人则支付租金作为使用权的回报。这种合同形式为双方提供了灵活的交易选择，满足了不同需求下的使用和经营需求。在房地产领域，租赁合同常见于住宅、商业和工业用途，为租客提供了灵活的居住和经营场所选择。而在设备租赁领域，租赁合同则允许企业在需要时获取设备而无须进行大额投资。租赁合同的签订通常包括租金、租期、使用条件、维护责任等方面的约定，以确保双方权益得到保护。通过租赁合同，出租人可以获得租金收入并有效管理资产，承租人则能够在不需要购买资产的情况下获得所需的使用权。因此，租赁合同在社会经济中发挥着重要作用，促进了资源的合理利用和经济的稳定发展。

（三）委托合同

在委托合同中，委托人授权受托人代表其行事，并对其行为承担责任。

这种合同形式广泛应用于各个领域，包括法律、金融、商业等。委托合同的核心特点是委托和代理，委托人将自己的权利或利益交给受托人处理，受托人则按照委托人的要求和指示履行相应的义务。委托合同的内容通常包括委托事项、委托期限、委托费用等方面的约定，以明确双方的权利和义务。通过委托合同，委托人可以委托专业人士处理自己不擅长或没有时间处理的事务，节省时间和精力，同时确保事务得到专业的处理和妥善的解决。对于受托人而言，委托合同为其提供了商业机会和服务收入，同时也要求其诚实、尽责地履行委托事务。因此，委托合同作为一种重要的合同形式，有助于促进资源的有效利用和专业服务的提供，推动了经济的发展和社会的进步。

（四）借款合同

借款合同旨在明确双方的权利和义务，规范资金借贷的行为。借款合同通常包括借款金额、利率、借款期限、还款方式等关键条款，以确保双方权益得到保护。对于出借人而言，借款合同是一种投资方式，可以获得利息收入或者其他形式的回报；而对于借款人而言，借款合同则是一种筹资渠道，帮助其满足资金需求。借款合同的签订有助于促进资金的流动和有效利用，推动了经济的发展。然而，双方在签订借款合同时需要谨慎考虑各项条款，确保自身权益不受损害。此外，借款合同的履行也要遵循诚实守信的原则，保持良好的合作关系，以确保合同顺利履行并维护双方的利益。因此，借款合同作为一种重要的金融工具，在资金借贷领域发挥着重要作用，为经济活动提供了必要的支持和保障。

（五）劳务合同

在劳务合同中，劳动者承诺为用人单位提供劳动力，而用人单位则承诺支付相应的报酬。这种合同涉及劳动者的工作岗位、工作内容、工资待遇等方面的约定，旨在明确双方的权利和义务。劳务合同的签订有助于规范劳动关系，保障劳动者的合法权益，促进劳动者和用人单位之间的和谐共处。对于劳动者而言，劳务合同是其劳动权益的重要保障，确保其获得合理的工作条件和报酬待遇；对于用人单位而言，劳务合同则确保其获得足够的劳动力资源，从而推动企业的发展和经济效益的提升。然而，劳务合同的签订应遵循法律法规，并注重合同条款的公平合理，避免损害劳动者的合法权益。此外，劳务合同的履行也需要双方诚实守信，保持良好的合作关系，以确保劳动关系的稳定和持续发展。因此，劳务合同作为劳动关系的重要约定，对于维护劳动者和用人单位的合法权益，促进社会和谐稳定具有不可替代的作用。

以上是合同法的基本原则和对合同类型的简要论述，在民法典的框架下，合同法的规定将更加完善和系统，有助于维护市场经济秩序，保障各方当事人的合法权益。

第二节　合同的成立、履行与解除

一、民商法中合同的成立

(一) 合同的定义与基本概念

合同是民商法中重要的法律概念，其定义涵盖了合法主体之间基于意思表示达成的协议。合同作为一种法律关系的载体，其成立和要素构成着我国民商法律体系的核心之一。

合同是民商法中的基本概念之一，其涵盖了一系列法律原则和规定，旨在保障交易双方的合法权益。合同的定义具有广泛的适用性，可以涵盖各种民事、商事关系下的交易和协议。合同是合法主体之间相互约束的法律文书，其具有法律效力，对合同双方具有约束力。

合同的成立与要素是民商法中一个重要的议题。合同的成立涉及合法主体之间的意思表示和意思接收，是一种自愿行为的结果。合同的成立不仅是一种口头或书面的协议，更体现了合同双方的真实意思和意图。合同的成立要素包括合法的标的、合意的内容、真实的意思表示和相互一致的意思接收。

在合同成立过程中，合法的标的是合同成立的基础之一。合法的标的包括合法的物品、合法的权利和合法的利益，其具有合同效力。合意的内容是合同成立的关键，合同双方应当就合同的内容达成一致意见，并在合同文书中明确表述。真实的意思表示是合同成立的前提条件之一，合同双方应当真实表达自己的意思，不存在欺诈、胁迫等非法手段[①]。相互一致的意思接收是合同成立的重要保障，合同双方应当在合同达成后对合同的内容进行确认，并签订合同文书，确保双方的意思接收一致。

合同的成立与要素是民商法中的重要内容，其体现了合同法律关系的基本原则和规定。合同的成立和要素构成了我国民商法律体系的核心内容，对于规范经济活动、保护合同当事人的合法权益具有重要意义。在合同的成立过程中，合同双方应当遵循法律原则，确保合同的有效性和合法性。合同的成立与要素体现了我国合同法的基本精神和价值取向，是民商法体系中不可或缺的重要组成部分。

（二）合同的成立要件

合同的成立是民商法中一项重要的法律行为，它涉及合同各方之间的权利义务关系，需要满足一定的要件才能确立有效性。合同的成立主要包括要约、承诺、意思表示等要素。要约是指合同一方向另一方发出的意思表示，表明愿意与对方订立合同，并确定了合同的主要内容和条款。承诺则是对要约的接受，表示接受要约的一方愿意按照合同的约定履行相应的义务。意思表示是指当事人通过口头、书面或行为等方式表达出的合同意愿，包括要约、承诺等内容，是合同成立的重要表现形式。

合同的成立要素具有法律约束力，其合法性和有效性取决于合同各方是否满足了成立要件。要约必须是真实、明确且具有约束力的，要求合同一方以明确的方式向对方发出意愿表达，并包含了合同的基本内容和条款。承诺应当是对要约的明确接受，表示承诺一方愿意按照合同约定履行义务，并且接受合同对自己产生的法律约束。意思表示应当是真实、明确且合法的，要求合同各方在表达意愿时不得采取欺诈、胁迫等违法手段，保证意思表示的真实性和合法性。

合同的成立要素在合同法中具有重要地位，它保障了合同关系的合法性和稳定性。合同一方通过发出要约和承诺，明确了双方的意思表示和合同内容，为合同关系的形成奠定了基础。合同的成立要素不仅有利于保护合同

① 滕肇楠．法学古典形式主义前瞻性价值目标贡献考 [J]. 文化学刊，2023(11)：89-92.

各方的合法权益，还有助于维护社会交易秩序和促进市场稳定发展。只有当合同各方满足了成立要件，合同关系才能够具有法律效力，产生法律约束力，从而实现合同目的和意图。

合同的成立要素在实际操作中也存在一些问题和挑战。例如，在合同订立过程中，合同各方可能存在对合同条款理解不一致、表述不清晰等情况，导致合同的成立存在争议和纠纷。合同的成立要素的满足也受到法律规定和司法解释的影响，不同的法律制度和司法实践可能会对合同的成立要素提出不同的要求，给合同的订立和解释带来一定的困难。

合同的成立要素是民商法中合同法的重要内容，需要合同各方满足一定的要件才能确立有效性。合同的成立要素保障了合同关系的合法性和稳定性，有利于维护合同各方的合法权益，促进经济社会的发展和进步。合同的成立要素在实际操作中也存在一些问题和挑战，需要加强相关法律制度建设并作出司法解释。

二、合同的履行与解除

(一) 合同的履行义务

合同是民商法中约束双方当事人的法律行为，其履行义务是保证合同有效执行的关键。合同的履行和解除是合同关系的核心问题，涉及双方当事人的权利和义务，以及各种可能的情形和后果。

合同的履行义务包括了双方当事人在合同中约定的各项权利和责任。当事人应当按照合同约定的内容和要求履行自己的义务，确保合同的有效履行。合同的履行可以是货物的交付、服务的提供、款项的支付等形式，具体内容根据合同的性质和当事人的约定而定。

双方当事人在合同履行过程中应当诚实守信，履行各自的义务。合同一旦生效，当事人应当严格按照合同约定的内容和期限履行义务，否则将承担相应的违约责任。违约行为可能导致合同的解除或者赔偿对方的损失。

合同的解除是指合同当事人根据法律规定或者合同约定解除合同关系的行为。合同解除的原因包括了合同的履行不能实现、当事人无法继续履行、合同违约等情形。合同解除可以通过协商一致、法律规定或者仲裁裁决等方式进行，解除合同后，双方当事人应当按照法律规定处理合同履行过程中产生的权利和义务。

合同的履行和解除是合同关系中的重要环节，直接影响合同当事人的权益和利益。当事人应当认真履行合同义务，维护合同的有效性和稳定性，避免出现违约和纠纷的情况。合同的履行和解除在经济活动中起着重要的调节和保障作用，有利于促进合同关系的健康发展，保护市场秩序的稳定和促进市场秩序的完善。

（二）合同的解除与违约责任

民商法中合同的履行与解除是法律关系中的重要环节。合同一旦订立，各方就有义务按照约定履行合同内容。在实际情况中，出于各种原因，合同的履行可能会受到影响，甚至发生解除的情况。

合同的履行是合同各方按照约定的内容和方式，履行自己在合同中所承担的义务，以实现合同目的的过程。合同的履行应当以诚实信用为原则，各方应当遵守合同约定，按时足额履行各自的义务。

当合同一方未能按照约定履行合同义务时，就构成了合同违约。合同违约可以是违反合同主要条款或者附带条款，导致合同无法达到预期目的。违约行为可能包括未按时付款、未交付货物、未提供服务等。违约方应当承担相应的违约责任，赔偿因违约给对方造成的损失，或者按照合同约定支付违约金。

合同的解除是指合同各方基于某种法定事由或者约定，在合同履行过程中解除合同关系的行为。合同解除可能因合同条款约定的条件触发，也可能因违约方无法或不愿履行合同义务而解除。解除合同的目的是消除合同争议，保护合同当事人的合法权益，恢复合同签订前的法律状态。

合同的解除通常需要满足一定的法定条件和程序。例如，合同的解除可能需要书面通知对方，或者需要经过仲裁机构或者法院的确认。合同解除的效力一般自解除通知送达之日起生效，各方应当按照解除合同的约定履行相应的义务。

在合同履行与解除过程中，合同各方应当充分尊重合同精神，尽力履行合同义务，维护合同的合法权益。合同解除应当依法依约进行，避免因解除合同而给对方造成不必要的损失和纠纷。

合同的履行与解除是民商法合同关系中的重要环节。合同各方应当遵守合同约定，履行合同义务，同时合同解除应当依法依约进行，促进经济交易的稳定发展。

第三节　侵权法的法律规定和责任界定

一、民商法中侵权法的法律规定

（一）侵权法的基本概念

侵权法是民商法中一个重要的法律领域，涉及个人和法人之间因行为造成的损害赔偿责任。侵权法的基本概念是指在民商法中规定了个人或法人因侵犯他人合法权益而需要承担民事责任的法律体系。侵权法的法律规定涵盖了多个方面，包括侵权行为的构成、侵权责任的形成以及损害赔偿的范围等内容。

侵权法的基本概念体现了维护公民、法人合法权益的法律原则，旨在保障社会成员的合法权益不受侵犯。侵权法的核心在于确定侵权行为的构成要件和侵权责任的形成条件[①]。侵权行为是指个人或法人通过违反法律、法规或合同等规定，侵犯他人的合法权益所造成的损害行为。侵权行为的构成要件包括主体、客体、行为方式和结果等方面的要素，必须同时具备才能构成侵权行为。

侵权行为可以分为行为侵权和不作为侵权两种类型。行为侵权是指个人或法人通过具体的行为或行动导致他人权益受损，而不作为侵权是指个人或法人因不履行法定义务或采取不当行为而导致他人权益受损。侵权责任的形成是指在侵权行为构成的基础上，侵权责任主体需要承担相应的民事赔偿责任。侵权责任的形成条件包括行为主体的过错、损害结果的直接因果关系以及法律规定的损害赔偿责任等方面的要素。

① 姜磊，杨艳楠．“三全育人”视域下法学教育课程思政的实现路径探析 [J]. 集宁师范学院学报，2023，45(6)：36-40.

侵权法的法律规定还包括了损害赔偿的范围和方式等内容。损害赔偿的范围是指侵权责任主体需要承担的损害赔偿责任的具体范围和限制。损害赔偿的方式包括经济赔偿、恢复原状、消除危险、赔礼道歉等形式，旨在修复受害人的合法权益和恢复其受损的权益地位。

侵权法作为民商法中的重要法律领域，涉及了个人和法人之间因行为造成的损害赔偿责任。侵权法的基本概念和法律规定体现了维护公民、法人合法权益的法律原则。侵权法的法律规定包括侵权行为的构成、侵权责任的形成以及损害赔偿的范围和方式等内容，为侵权责任的确定和损害赔偿的实现提供了具体的法律依据和规范。

（二）侵权行为的构成要件

侵权行为的构成要件是民商法中侵权法的核心内容之一。侵权行为指的是在民事关系中，一方主体因违反法律规定或违背社会公共利益，而给另一方主体造成了损害的行为。依据民商法的规定，侵权行为的构成要件包括侵权行为、损害结果和法律责任三个方面。

侵权行为是构成侵权责任的基本要素。侵权行为是指行为人的故意或过失导致了对他人合法权益的侵害或损害。侵权行为可以包括各种行为形式，如侵犯他人的人身权、财产权、名誉权等。行为人的主观故意或过失是构成侵权行为的关键，行为人应当对自己的行为负有责任，意识到其行为可能会对他人造成损害。

损害结果是侵权行为构成的必要条件。损害结果是指侵权行为导致了对他人合法权益的损害或侵犯。损害结果可以是财产损失、人身伤害、名誉受损等，需要能够与侵权行为形成因果关系，并能够证明其存在与程度。

法律责任是侵权行为所产生的法律后果。法律责任是行为人根据法律规定应当承担的义务和责任，包括赔偿损失、承担民事责任等。当侵权行为符合构成要件时，行为人应当依法承担相应的法律责任，保障受害人的合法权益。

侵权行为的构成要件在民商法中具有重要意义，它为维护社会公共秩序、保护个人合法权益提供了法律保障。通过对侵权行为的认定和界定，可以使行为人和受害人在民事关系中的权利义务得到合理保护和维护。侵权行为的构成要件也有助于规范社会行为，促进社会和谐稳定的发展。

在实际应用中，侵权行为的构成要件也面临一些问题和挑战。例如，对于行为人的主观故意或过失的认定、损害结果的确定和证明等问题，都可能存在一定的争议和困难。需要通过法律制度的完善和司法实践的不断积累，进一步明确侵权行为的构成要件，提高侵权责任的适用性和实施效果。

侵权行为的构成要件是民商法中侵权法的重要内容，它涉及行为人与受害人之间的权利义务关系，需要满足侵权行为、损害结果和法律责任三个基本要素。侵权行为的构成要件在实际应用中也存在一些问题和挑战，以确保侵权责任的适用性和实施效果。

二、侵权法的责任界定

(一) 过错责任与无过错责任

侵权责任是指因侵害他人合法权益而导致的法律责任。侵权责任的界定涉及过错责任和无过错责任两种情形。过错责任是指侵权行为人故意或者过失地侵害他人权益而产生的责任，而无过错责任则是在特定情形下，即使侵权行为人没有过错，仍需承担侵权责任。

过错责任下的侵权责任是指侵权行为人在侵害他人权益时存在过错行为，即故意或过失行为。过错行为是指侵权行为人在侵害他人合法权益时，没有尽到合理的注意义务或者违反了法律规定。过错责任下的侵权行为人应当承担相应的法律责任，包括赔偿受害人的损失、恢复受害人的合法权益等。

与过错责任相对应的是无过错责任。无过错责任是指侵权行为人在侵害他人合法权益时，没有过错行为，但由于特定的法律规定或者侵权行为的性质，侵权行为人仍然需要承担相应的法律责任。无过错责任的存在是为了保护弱势群体的利益，防止侵权行为人利用自己的优势地位侵害他人的合法权益。

侵权责任的界定不仅涉及过错责任和无过错责任的划分，还涉及侵权行为的主体、客体、行为方式、责任程度等方面的问题。侵权责任的界定需要综合考虑法律规定、事实情况以及公序良俗等因素，对侵权行为人和受害人的权益进行平衡，实现社会公平和正义。

随着经济和社会的发展，侵权责任的界定面临着新的挑战和问题。特别是在网络时代，侵权行为形式多样化、界限模糊，如何界定侵权责任成为一个亟待解决的问题。需要不断地完善法律制度，加强对侵权行为的监管和处罚，保护公民的合法权益，维护社会的稳定和谐。

侵权责任的界定是民商法中一个重要的法律问题，涉及社会公平、正义、人权保护等多个方面的问题。通过对侵权责任的界定，可以保护公民的合法权益，维护社会的稳定和秩序，促进经济和社会的健康发展。

(二) 异常风险责任

侵权责任是一种重要的法律责任制度，用于界定侵权行为所产生的法律后果和责任。侵权责任的界定涉及个人、法人或其他组织在民事活动中可能出现的各种侵权行为，以及因此产生的损害赔偿责任。侵权责任的界定在法律体系中起着至关重要的作用，不仅保护了个人、财产和社会公共利益，还维护了社会秩序和公平正义。

侵权责任的界定首先要明确侵权行为的构成要件。侵权行为包括侵犯他人的人身权利、财产权利、合法权益等行为。构成侵权的要件通常包括主体、客体、侵权行为和损害后果等方面。主体是指侵权行为的实施者，可以是自然人、法人或其他组织；客体是指被侵权的合法权益；侵权行为是指侵犯他人合法权益的具体行为；损害后果是指侵权行为导致的实际损害或者损失。

在侵权责任的界定中，需要考虑到异常风险责任的情形。异常风险是指在一般情况下，人们预见或可以预见到的危险或风险，但在特定情况下，由于某种特殊因素或者条件的存在，导致危险或风险程度超出正常范围，具有异常性质。异常风险可能由人为因素或自然因素引发，例如在公共场所设置危险物品而导致的意外伤害，或者自然灾害引发的损害等。

对于异常风险责任，法律通常会规定特殊的责任标准和责任范围。在确定异常风险责任时，需要考虑到行为人是否已经尽到了合理的注意义务和预防义务，以及是否存在合理的防范措施。在一般情况下，如果行为人已经尽到了合理的注意义务和预防义务，但仍然无法避免损害的发生，那么行为人可能不承担全部或部分责任。如果行为人未能尽到合理的注意义务和预防义务，或者存在过错行为，导致异常风险的发生，那么行为人可能需要承担相应的责任。

法律还会考虑到损害赔偿的范围和方式。损害赔偿的范围通常包括实际损失、经济损失、精神损害等方面，以保障受害人的合法权益。损害赔偿的方式可以是金钱赔偿、恢复原状、消除影响等，以尽可能地恢复受害人的合法权益。

侵权责任的界定涉及侵权行为的构成要件、异常风险责任的考量以及损害赔偿的范围和方式。侵权责任制度的建立和完善有助于维护社会公共秩序和公平正义，保护个人财产和社会公共利益的合法权益。

第四节　民商法在商业合同和侵权诉讼中的实际应用

一、民商法在商业合同中的实际应用

（一）商业合同的成立与履行

1. 意思表示的要素与合同的订立

意思表示的要素是合同订立过程中的重要组成部分，它体现了合同双方真实意图的表达和接收。商业合同是商业活动中常见的法律文书，它涵盖了各种商业交易和合作关系。商业合同的订立是商业活动的重要环节，它不仅规范了各方的权利和义务，还促进了商业合作的顺利进行。

在商业合同的订立过程中，各方的真实意图是至关重要的。合同双方应当以真实、诚信的态度参与合同的订立，确保合同内容真实反映了双方的意愿和协商结果。双方应当遵循商业道德和法律法规，不得以虚假、欺诈的手段达成合同协议。

商业合同中合同内容的明确表述也是意思表示的重要因素之一。合同各方应当清晰地表达合同的条款和内容，确保合同条款的具体、明确，避免模糊、含糊不清的表述引发合同纠纷。合同内容的明确表述有助于双方在合同履行过程中的沟通和理解，减少合同履行中的不确定性和争议。

商业合同中双方的真实接收和确认是意思表示的关键环节。在商业合同的签订过程中，双方应当对合同的内容进行认真审阅和确认，确保双方对合同内容的理解一致，真实接收合同的条款和约定。双方的真实接收和确认是商业合同成立的必要条件，也是合同有效性和合法性的保障。

商业合同的实际应用涉及合同的订立、履行和解决合同纠纷等多个方面。商业合同的订立应当遵循民商法的相关规定，确保合同的合法性和有效性。商业合同的履行要求各方按照合同约定履行各自的义务，维护合同的权利和利益[①]。当商业合同发生纠纷时，各方应当依据民商法的规定，通过协商、调解或诉讼等方式解决合同纠纷，维护合同的权益和合法利益。

商业合同中意思表示的要素和民商法的实际应用密切相关，合同各方应当充分重视意思表示的真实性和合同的明确性，遵循民商法的规定，确保商业合同的合法性、有效性和可执行性，促进商业活动的健康发展和合作关系的稳定。

2. 合同履行中的义务与责任

合同履行中的义务与责任是民商法中商业合同的重要内容之一。合同履行的义务指的是合同各方根据合同约定或法律规定应当履行的义务和责任。合同各方应当根据合同条款和商业惯例，按照诚实信用的原则，共同履行合同义务，保障合同关系的稳定和可靠性。

合同履行的义务主要包括履行主体、履行内容、履行时间、履行地点等方面。合同的履行主体是指合同各方应当根据合同约定或法律规定履行合同义务的主体，包括合同当事人及其法定代表人、委托代理人等。合同的履行内容是指合同各方应当按照合同约定履行的具体内容和条款，包括货物交付、服务提供、款项支付等。合同的履行时间是指合同各方应当按照合同约定的时间和期限履行合同义务，保证合同关系的及时性和有效性。合同的履行地点是指合同各方应当按照合同约定或商业惯例确定的地点履行合同义务，保障合同关系的便利性和有效性。

合同的履行义务不仅涉及合同各方之间的权利义务关系，还涉及合同关系与外部环境的协调和配合。合同各方应当根据商业合同的特点和实际情

① 李佳欣.建构中国自主法学知识体系下的法学论文选题趋向[J].重庆大学学报(社会科学版)，2023，29(6)：272-283.

况，合理规划合同履行的过程和方式，确保合同的有效履行和合同关系的稳定性。合同各方还应当积极履行合同义务，遵守合同约定和商业惯例，维护合同关系，促进商业合作的持续发展。

在商业合同履行过程中，合同各方可能面临各种挑战和困难。例如，合同履行中可能存在不可抗力因素导致合同无法履行，或合同各方存在履行能力不足等问题，影响了合同的履行效果和结果。合同履行中可能存在合同履行义务的不清晰或合同履行过程中的不合理条款等问题，导致合同履行发生纠纷和争议。

合同各方应当加强合同履行过程中的管理和监督。合同各方还应当根据合同的实际情况和商业环境的变化，及时调整和完善合同条款及履行方式，保障合同关系的顺利进行与合同履行的有效性。

（二）商业合同纠纷的解决

商业合同纠纷的解决是民商法在实践中的重要应用之一。商业合同作为商业活动的基本载体，其纠纷的解决关乎商业秩序和当事人的合法权益。民商法为商业合同纠纷的解决提供了一系列的法律规定和途径。

民商法规定了商业合同的基本要素和效力条件，为商业合同的解决提供了法律依据。商业合同应当符合法律的规定和当事人的意思表示，具有合法的目的和内容，才能产生法律效力。当商业合同存在争议或纠纷时，法院将根据民商法的规定，审查合同的有效性和合法性，并据此判断纠纷的性质和解决的途径。

民商法为商业合同纠纷的解决提供了多种解决途径，包括诉讼、仲裁、调解等方式。当商业合同纠纷发生时，当事人可以选择通过诉讼向法院申请解决纠纷，也可以选择通过仲裁机构进行仲裁，还可以自行协商或选择第三方进行调解。这些解决途径在民商法中都得到了相应的规定和保障，旨在为当事人提供多样化的解决选择，保障其合法权益。

民商法还规定了商业合同纠纷的诉讼程序和仲裁程序，为纠纷解决提供了具体的操作指引。诉讼程序包括起诉、受理、审理、判决等环节，依据民商法的规定和诉讼法的程序规定进行。仲裁程序则是由仲裁机构依据仲裁规则和民商法的规定进行，当事人可以自行选择仲裁机构和仲裁员，按照仲裁规则完成仲裁程序。

民商法还规定了商业合同纠纷的执行程序和效力保障，以确保解决结果得到有效执行和保障。当法院或仲裁机构做出解决商业合同纠纷的裁决或裁定后，当事人应当按照裁决或裁定的内容履行相应的义务。民商法规定了强制执行程序和强制执行措施，对拒不履行义务的当事人进行强制执行，确保解决结果的执行和效力。

民商法在商业合同纠纷的解决中发挥着重要作用，为当事人提供了法律保障和解决途径。通过法律规定的合同要素、解决途径、解决程序和效力保障，民商法有效地维护了商业合同的合法性和稳定性，促进了商业活动的顺利进行和经济秩序的健康发展。

二、民商法在侵权诉讼中的实际应用

（一）侵权案件的起诉与受理

侵权案件的起诉与受理是法律体系中的重要环节，涉及维护个人合法权益、保护社会公共利益和维护社会秩序的重要任务。侵权诉讼作为民商法领域的一部分，其实际应用具有一定的特点。

侵权案件的起诉通常是由受害人或其合法代理人向人民法院提起诉讼。在起诉过程中，原告需要提供充分的证据和事实依据，证明被告的侵权行为以及造成的损害后果。起诉书应当包含起诉请求、事实与理由、证据、诉讼请求等必要内容，以便法院进行审理。

侵权案件的受理由人民法院负责。法院在受理案件时，首先要审查原告的起诉请求和相关材料，确定案件的受理条件是否符合法定要求。如果受理条件不符合，法院可能会对案件进行不受理处理。如果受理条件符合，法院会向被告送达起诉状，并要求被告在规定的期限内提出答辩。

在侵权诉讼中，民商法对证据的规定非常重要。原告需要提供充分、合法、有效的证据证明被告的侵权行为和造成的损害后果。证据可以包括书证、物证、证人证言、鉴定意见等。法院在审理案件时，会依法对证据进行认定和评价，以确定案件的事实和责任。

侵权案件的审理过程中，法院会依法保障当事人的诉讼权利，确保双方有充分的陈述和辩护机会。法院会组织听证、调查取证等活动，以查明案件的真实情况，维护公正和公平。

在侵权案件的审判过程中，法院会依法进行判决，确认被告的侵权行为和赔偿责任。判决可能包括责令被告停止侵权行为、赔偿原告的损失、承担法律责任等。判决一经作出，就具有法律效力，当事人应当履行判决义务。

侵权案件的起诉与受理是民商法实际应用中的重要环节，涉及受害人合法权益的维护和社会公共利益的保护。

(二) 侵权损害赔偿的计算与方式

侵权损害赔偿是侵权行为所造成的损害赔偿责任的具体体现，其计算和方式在侵权诉讼中具有重要意义。民商法对侵权损害赔偿的计算和方式进行了具体规定和界定，以保障受害人的合法权益和维护社会秩序的稳定。

侵权损害赔偿的计算是侵权诉讼中的核心问题之一。侵权损害赔偿的计算通常根据受害人的实际损失、被侵权行为的性质和程度以及社会公共利益等因素进行确定。侵权损害赔偿的计算应当充分考虑受害人的经济损失、精神损害以及其他间接损失等方面的因素，确保赔偿数额能够合理、公正地反映受害人的损失情况。

侵权损害赔偿的方式是侵权诉讼中的另一重要问题。民商法规定了多种方式来实现侵权损害的赔偿，包括经济赔偿、恢复原状、消除危险、赔礼道歉等形式。侵权损害赔偿的方式应当根据具体情况进行选择，既要满足受害人的赔偿需求，又要考虑到侵权行为主体的实际能力和情况，确保侵权损害赔偿的实施能够顺利进行。

侵权损害赔偿的计算和方式必须依据法律规定和司法解释进行具体操作。法院在审理侵权案件时，应当根据案件事实和法律规定，综合考虑受害人的损失情况和侵权行为主体的责任程度，合理确定侵权损害赔偿的数额和方式，保障受害人的合法权益和社会公共利益。

侵权诉讼中的实际应用涉及侵权损害赔偿的具体操作和执行。侵权诉讼的受理和审理应当严格依据法律程序和程序规定进行，保障当事人的诉讼权利和诉讼公正。应当充分听取双方当事人的意见和证据，依法判断案件事实和适用法律，作出公正合法的裁判。侵权行为主体在法院裁判确定侵权责任后，应当按照法院的判决或调解协议履行侵权损害赔偿责任，以维护法律尊严和社会秩序的稳定。

侵权损害赔偿的计算和方式在侵权诉讼中具有重要意义，其合理确定和有效实施是维护社会公共利益和保障受害人合法权益的重要保障。侵权诉讼的实际应用需要法律机构和社会各界共同努力，以保障法律的实施和司法的公正。

第五章　公司法与公司治理

第一节　公司法的法律框架和公司类型

一、公司法的法律框架

(一) 公司法的法律定位

公司法在法律体系中扮演着重要的角色，构成了公司治理的法律框架。公司法的法律定位是明确其在法律体系中所处位置和发挥功能的法律属性，而公司法的法律框架则是指公司法整体结构和内部组织的法律架构。

公司法的法律定位主要体现在其法律属性上。公司法作为一种专门的法律分支，主要调整公司组织形式、公司治理结构、股东权利义务等法律关系。它既属于经济法的范畴，也与公司治理、公司金融等法律领域相互交织。公司法的法律属性主要包括公司的法人地位、公司治理的法律规范、公司内外部关系的法律调整等多方面内容。公司法的法律定位旨在为公司的设立、运营、股东关系等提供具体法律规范，维护公司的稳定经营和公平治理。

公司法的法律框架则是指公司法整体结构和内部组织的法律架构。公司法律框架主要包括公司设立、公司治理、公司财务等方面的法律规定。在公司法律框架中，公司设立涉及公司的组织形式、注册程序等；公司治理涉及公司董事、股东的权利义务，公司决策机制等；公司财务涉及公司的财务报告、审计制度、股本变动等。公司法的法律框架通过这些方面的规定，为公司的正常运营和合法管理提供法律支持。

公司法的法律定位和法律框架的建立是为了规范公司的设立和运营，维护公司内外部利益相关人的合法权益，促进公司的稳定发展。公司法的法律定位使其在法律体系中具有明确的法律属性，而公司法的法律框架则为公司提供了法律基础和规范，构建了公司在法律层面上的整体结构。

公司法的法律定位和法律框架的建立既受到经济制度和市场需求的影响，也反映了社会治理和法治建设的需要。在市场经济体制下，公司作为一种主要的经济组织形式，对于促进企业发展、保护投资者权益、维护市场秩序等方面发挥着重要作用。公司法的法律定位和法律框架在不断适应市场经济的发展和变化，不断加强法律规范的科学性和实效性。

公司法的法律定位和法律框架也反映了法治建设的需要。在法治社会中，公司法的规范使得公司在法律的框架内进行，明确了公司和股东、公司和员工、公司和其他市场主体之间的法律关系。通过公司法的法律定位和法律框架的建立，形成了一种有序的法律体系，为公司的合法运营提供了法律依据。

公司法在法律体系中的法律定位为其明确了在法律层面的法律属性，而公司法的法律框架则为公司的设立和运营提供了法律基础和规范。公司法的法律定位和法律框架的建立是社会治理和法治建设的需要，也是市场经济发展的必然产物。公司法通过其法律定位和法律框架的构建，为公司的正常经营提供了法律支持，为市场经济的健康发展提供了法治保障。

（二）公司的组织结构与管理体制

1. 股东会、董事会与监事会的法定地位

股东会、董事会与监事会在公司法中是关键角色，其法定地位构成了公司法的法律框架[①]。这一法定地位体现了公司治理结构的合法性与权责分明，形成了公司法体系的重要组成。

股东会作为公司法律框架中的一部分，其法定地位体现在对公司的最高权力机构的设立。股东会是公司治理结构中最高决策机构，代表公司的股东行使公司的权利。在公司法中，股东会的法定地位不仅是其合法性的体现，同时也保障了公司治理结构的合理性。股东会有权决定公司的重大事项，如制定公司章程、选举董事、审议公司财务报告等，这使得公司法律框架具有了明确的权力分配和决策流程。

董事会在公司法律框架中同样具有法定地位，作为公司治理结构的执

① 王锡锌．构建自主法学知识体系需要内外兼修 [J]. 清华法学，2023，17(6)：178-181.

行主体。董事会的法定地位在于其对公司日常经营管理的权责。公司法规定了董事会的设立、职权、职责等方面的法律规范，明确了董事会作为公司法人的执行机构在公司治理结构中的角色。董事会负责公司的经营管理，履行与股东会的决议相一致的决策，并对公司的业务运作、财务状况等承担监督和管理职责。

监事会在公司法律框架中也占有一席之地，其法定地位主要体现在对公司管理的监督与监察。监事会的设立是为了保护公司的股东和公司整体利益，其法定地位在于公司治理结构中的独立性和监督性。监事会有权对公司的经营管理情况进行监督，审查公司的财务报告，提出意见或建议，并在必要时向股东会报告。这种法定地位使得监事会能够在公司治理结构中发挥独立监督的作用，以确保公司的正常运营以及对股东利益的保护。

公司法的法律框架是一种相对完备的制度，明确了公司治理结构的法定地位，为公司的有序运作提供了法律基础。在这一框架下，股东会、董事会与监事会各司其职，形成了权责分明的公司治理体系。这种法定地位不仅为公司的内部管理提供了法律依据，也为公司与外部环境的合法互动提供了保障。

公司法律框架中股东会、董事会与监事会的法定地位体现了公司治理结构的合法性与权责分明。股东会作为公司最高权力机构，董事会作为执行主体，监事会作为监督机构，三者共同构成了公司治理结构的法定体系。这一法定地位不仅保障了公司治理的合理性，也为公司的发展与经营提供了法律保障。通过这一完备的法律框架，公司在法治环境中得以规范经营，维护股东权益，确保了公司的稳定经营与健康发展。

2. 公司内部管理机构的法律规定

公司内部管理机构的法律规定是公司法律框架中的关键组成部分。公司法旨在规范公司组织和运作，确保公司内部管理机构的有效运行，维护公司股东和利益相关者的权益，促进公司健康发展。在公司法的法律框架下，对公司内部管理机构的规定涉及公司治理、董事会、监事会、高级管理人员等方面。

公司法对公司治理结构进行了明确定义。公司治理是一种管理体系，旨在平衡公司内部各方利益，保护投资者权益，提高公司绩效。公司法规定了公司治理结构的主要组成部分，包括董事会、监事会和股东大会。公司法要求公司建立健全治理结构，以确保公司内部管理机构能够有效运作。

公司法对董事会的构成和职责进行了详细规定。董事会是公司的最高权力机构，负责制定公司战略、决策公司事务。公司法规定了董事会的构成要求，包括董事的任职资格和数量。公司法对董事会的职权和责任进行了具体规定，要求董事会履行好对公司股东和公司整体利益的监督和管理职责。

监事会也是一个重要的内部管理机构。监事会的主要职责是对公司董事会的决策进行监督，维护公司股东的权益。公司法规定了监事会的组成和权力范围，明确了监事会对公司财务和经营状况的监督职责。监事会在公司法的法律框架下发挥着对公司内部管理机构的监督作用，以确保公司的正常运行。

公司法还规定了高级管理人员的法律地位和责任。公司的高级管理人员包括总经理、财务负责人等，他们对公司日常经营负有直接责任。公司法规定了高级管理人员的资格条件和职责范围，要求他们遵守法律法规，维护公司股东和公司整体利益。

对公司内部管理机构的规定不仅是为了确保公司的合法运营，更是为了维护公司各方权益，提高公司治理水平。公司法强调公司内部管理机构的合理设置和有效运作，通过规范公司治理结构，董事会、监事会和高级管理人员的职责，保障了公司的稳健经营，为公司在市场中的健康发展提供了有力的法律支持。

公司法的法律框架明确定义了公司内部管理机构的基本要素和运作原则。通过对公司治理结构、董事会、监事会和高级管理人员等方面的规定，公司法为公司提供了合法、合理、稳健的管理框架。这种法律框架的建立有助于维护公司内部各方的权益，促进公司内部管理机构的有效运作，为公司在复杂市场环境中的发展奠定了坚实的法律基础。

二、公司类型

(一) 有限责任公司

有限责任公司（简称有限公司）是公司法中一种常见的公司类型，其法律特征和运作机制在公司法体系中具有独特地位。

有限责任公司的形成基于法律的授权和设立程序。有限责任公司的法人地位使其独立于其股东，具有自主的法律地位。股东以出资的形式参与公司，其责任通常限定在其出资额范围内，即所谓的“有限责任”。这一特征为有限责任公司提供了更为稳定和有序的法律环境。

有限责任公司的组织结构主要包括董事会、监事会、股东会等机构。董事会负责公司的日常管理和决策，监事会对董事会进行监督，而股东会是公司最高权力机构，负责制定公司的基本决策和监督公司的经营活动。这一组织结构使得有限责任公司具有分权制衡的特点，有利于公司内部治理的健康发展。

有限责任公司在法律框架中还设立了一系列的法律制度，如公司财务制度、公司信息披露制度等。公司财务制度规范了公司的财务管理，包括财务报告、审计等方面的规定。信息披露制度则为公司内外部提供了透明的法律规范，维护了公司与投资者、债权人等相关方的关系。

有限责任公司的法律特征还在于其股权转让的灵活性。公司法对有限责任公司的股权转让做了详细规定，一方面保障了股东的权益，另一方面也为有限责任公司的发展提供了更为灵活的股权变动机制。这有助于吸引投资和调整公司内部股东结构，促进公司的健康发展。

有限责任公司的法律体系不仅包括其设立和内部管理，也涉及公司的变更、合并、解散等法律程序。这些程序既为公司提供了变革和发展的法律途径，也保障了公司解散时各方的合法权利。

在市场经济的背景下，有限责任公司在法律框架中的地位愈发凸显。其灵活的组织结构、分权治理和股权转让机制，使得有限责任公司适应了不断变化的市场需求。公司法律建设在维护企业和投资者利益、保障市场秩序方面发挥着重要作用。

有限责任公司在法律体系中也面临一些挑战。公司的治理结构可能出现内外部监管不足、信息披露不透明等问题。股东之间的利益冲突、公司财务管理的不善等也可能影响公司的持续稳健发展。这些挑战需要公司法在不断发展中进行相应的调整和完善。

有限责任公司作为公司法中的一种类型，其法律特征和运作机制在法律框架中形成了独特的法律定位。有限责任公司的设立程序、内部管理结构、股权变动机制等方面的法律规范，既为公司提供了有序和稳定的法律环境，也在促进市场经济发展中发挥了积极作用。随着社会的不断变革和市场的不断发展，有限责任公司在法律体系中还需不断面对新的挑战，并通过法律的创新和完善来适应不断变化的法治需求。

（二）股份有限公司

股份有限公司是公司法中一种常见的公司类型，其法定特征主要体现在公司股本的构成、有限责任和流动性等方面。公司法对股份有限公司进行了明确的法律规定，区分了不同的公司类型，以适应不同业态和经济形态的发展。在公司法的指导下，股份有限公司这一公司类型在商业运作中发挥着重要的作用，为经济发展提供了灵活的组织结构和资本运作方式。

股份有限公司的法定特征之一是其股本构成。公司法规定了股份有限公司的股本构成，即公司的资本由股份构成，每个股东以持有的股份数额为其出资额。这种股本构成形式既为公司提供了相对灵活的资本运作方式，也便于股东之间的权益划分和公司治理结构的设计。股份有限公司通过股份的发行和流通，能够更灵活地调整资本结构，满足不同阶段的经济需求。

股份有限公司的法定特征还包括有限责任。公司法规定股东对公司的债务承担有限责任，即股东仅对公司的债务承担有限的法律责任，其个人财产不会被追究。这种有限责任制度有效地鼓励了投资和企业经营，使得个人投资者和企业经营者在承担风险的同时不致过于担忧个人财产的安全，促进了资本市场的发展和经济的稳定。

股份有限公司的法定特征还表现在其股权的流动性上。公司法规定了股份有限公司股权的自由转让，即股东可以通过买卖、赠与等方式自由转让其持有的股权。这种股权流动性的规定使得股份有限公司能够更加灵活地进行股权调整，便于引入新的投资者，推动公司发展。股权的流动性也为股东提供了更为便捷的退出机制，降低了个体股东的投资风险。

股份有限公司的法定特征还包括了公司治理结构的明确定位。公司法规定了股份有限公司的组织结构，包括股东会、董事会和监事会等机构，以及各自的职责和权限。这一明确定位有助于规范公司内部管理和决策流程，保障公司治理的透明和公正。股东会作为最高权力机构，负责制定公司章程和选举董事，董事会则负责公司的经营管理，而监事会则对公司进行独立监督，这样的明确分工有助于形成有效的公司治理结构。

股份有限公司是公司法中的一种常见公司类型，其法定特征主要表现在股本构成、有限责任、股权流动性和公司治理结构等方面。这些法定特征构成了股份有限公司的法律框架，为其在商业运作中提供了灵活性和稳定性。股份有限公司作为一种经济组织形式，在促进资本市场发展、鼓励投资和推动经济发展等方面发挥着积极的作用。

第二节　公司设立与注册的程序和要求

一、公司设立的程序和要求

(一) 确定公司性质与业务范围

公司性质与业务范围的确定是公司设立时的重要环节，涉及公司的定位、经营方向和法律地位。公司设立时的程序和要求主要包括以下几个方面。

第一，公司设立的程序通常以法定程序为基础。公司的设立需遵循国家法律法规规定的程序，如提交公司设立申请、完成公司注册手续等。公司需要明确自身的性质与业务范围，以确保在法律框架下合法设立。相关程序的规定不仅保障了公司设立的合法性，也为公司经营提供了法律保障。

第二，公司设立时需明确其性质，包括有限责任公司、股份有限公司等。公司性质的不同影响了公司的法律地位、经营结构和责任分担。在设立公司之初，明确公司的性质是确保公司正常经营的重要步骤，也有助于后续公司治理和经营的规范进行[①]。

第三，确定公司的业务范围也是公司设立时的重要决策之一。业务范围明确定义了公司的经营方向和发展领域，为公司提供了经营的指导原则。

---

① 刘艳红．法治强国背景下法学期刊的高质量发展之路[J]. 清华法学，2023，17（6）：182–186.

在确定业务范围时，公司需要充分考虑市场需求、行业竞争状况和公司自身实力，以确保业务范围的合理性和可行性。

第四，在公司设立时，需要提供相关的申请文件和资料。这包括公司的基本信息、股东名册、法定代表人身份证明等。根据公司性质和业务范围的不同，可能需要提供更具体的文件，如行业资质证书、经营计划等。提供准确完整的资料有助于加快公司设立的审核和审批流程。

第五，公司设立时还需完成相关的注册手续。这包括在工商行政管理部门进行公司注册、领取营业执照等。完成注册手续后，公司才正式获得了法人资格，可以依法开展业务活动。注册手续的完成是公司设立的最后一步，也是公司获得法律主体资格的关键步骤。

第六，公司设立时需要明确公司的性质与业务范围，遵循法定程序完成设立手续。这一过程中，公司需要提供相关的法定文件和资料，确保公司信息的真实合法。公司还需完成相关的注册手续，最终取得法人资格。这一系列程序的完成，为公司的正常运营提供了法律保障和经营基础。

(二) 制定公司章程与股东协议

公司章程和股东协议是公司设立时的两个关键法律文件，它们在公司的组织和管理中发挥着重要的作用。公司章程是公司的基本法规，规定了公司的内部组织结构、经营管理制度等基本事项。股东协议则是股东之间达成的合同，明确了股东之间的权利义务、股权转让、公司经营方针等事项。

公司成立前首先需要明确公司的法定类型，然后由公司创始人或初始股东制定公司章程。公司章程是公司的内部法规，其中包括公司的名称、注册资本、经营范围、公司机构、董事会、监事会 (如果设立)、股东会等基本内容。公司章程的制定应当符合法律规定，明确公司内部权责关系，为公司的正常运营提供法律保障。

公司章程的制定通常需要经过创始人或初始股东的协商和讨论，以确保各方的权益得到合理保障。制定公司章程时，需要充分考虑公司的业务特点、治理结构以及未来发展的可能性。公司章程的修改通常需要股东会的决议，确保公司内部法规的变更符合多数股东的意愿。

股东协议则是股东之间协商的产物，它规定了股东之间的权利和义务、公司治理、股权转让、分红政策等重要事项。股东协议的签订通常是在公司设立初期，股东之间尚未形成复杂的利益格局时进行。股东协议有助于减少潜在的纠纷，保障公司的稳定经营。

股东协议的制定需要全体或大多数股东的同意，并且需要在法律框架内合法有效。股东协议的内容应当细致具体，包括但不限于股东的权益分配、董事会的组成与职权、公司经营计划与目标、股权转让的条件与程序、争议解决机制等。通过股东协议的签订，公司的各方利益关系能够得到充分考虑和平衡，为公司的长期发展奠定基础。

公司章程和股东协议的制定通常需要法律专业人士的参与，以确保其符合法律规定且具有法律效力。公司章程和股东协议的内容应当明确、清晰，避免模糊不清的表述，以防止未来发生法律争议。

公司设立时还需要进行公司的工商登记，提供相关文件和资料，包括但不限于公司章程、股东协议、创始人或初始股东的身份证明等。工商登记完成后，公司方可取得法人资格，正式开始运营。

公司设立时的程序和要求涉及公司章程和股东协议的制定，以及相关的工商登记手续。公司章程是公司内部法规，规定了公司的基本组织结构和经营制度；股东协议是股东之间的合同，明确了各方在公司中的权利义务；工商登记则是取得法人资格的法律手续。这些程序和要求的合理制定与遵循，有助于公司在法律框架内有序运营，确保公司各方权益得到妥善保障。

二、公司注册的程序和要求

(一) 注册机关的确定与职责

注册机关的确定和职责是公司注册过程中关键的法律环节。注册机关是负责批准和管理公司注册的机构，其职责包括审查申请文件、核发证照、维护注册信息等。公司注册的程序和要求是在法定框架下进行的，涉及多个方面的法规和规定，确保公司注册过程的合法、有序和透明。

注册机关是根据国家法律和行政法规规定的。通常，公司的注册机关由国家、地方或特定行业主管机关确定，其主要职责是负责监督和管理公司的注册。在我国，公司注册通常由工商行政管理机关负责。工商行政管理机关是国家授权的机构，负责公司注册、变更、注销等事务。不同地区和国家可能存在差异，但都遵循法定的程序和要求进行注册。

注册机关的职责主要包括审查公司注册申请文件。在公司注册过程中，企业必须向注册机关提交一系列的申请文件，包括但不限于公司章程、股东名册、董事会决议、出资证明等文件。注册机关负责审查这些文件的合法性和真实性，确保申请公司注册的企业符合法定的条件和标准。注册机关通过审查，对合格的企业核发注册证书，为其提供合法的经营资格。

注册机关的职责还包括核发公司营业执照。营业执照是公司合法运营的凭证，是注册机关核发给企业的重要证照。它包含了公司的基本信息，如公司名称、法定代表人、经营范围等，具有法律效力。注册机关核发营业执照前，会对公司的注册材料进行仔细的审核，确保公司信息的真实性和合法性。

注册机关还有维护注册信息的职责。一旦公司注册成功，注册机关会负责维护公司的注册信息，包括公司名称、法定代表人、股东信息等。在公司运营过程中，如果发生了公司名称变更、法定代表人变更、股权变更等情况，注册机关要求企业及时向其申报，进行相应的变更登记，以确保注册信息的及时、准确和完整。

公司注册的程序和要求主要涉及提交注册申请、提供相关证明材料、接受注册机关审查、领取注册证书等环节。注册机关按照法定流程进行审核和批准，确保公司注册程序的合法性和规范性。注册程序通常包括提交申请、审核材料、公示和领证等步骤，企业必须按照法定要求履行各个环节的义务，以顺利完成公司注册。

注册机关的确定和职责以及公司注册的程序和要求是公司注册过程中不可或缺的法定环节。这一过程旨在确保公司注册的合法性、真实性和透明性，为企业提供了法律依据，也为社会提供了保障。企业在注册过程中需要积极配合注册机关的审核工作，按照法定程序和要求履行义务，以保障其合法合规的运营。

(二) 出资登记与股权确认

公司注册的过程中，出资登记和股权确认是至关重要的步骤。出资登记是指股东将出资信息登记备案，以确保公司资本的真实性和合法性。而股权确认则是对股东权益进行法定确认，明确股东在公司中的权利和义务。这两个环节对于公司注册是不可或缺的，它们为公司的稳健经营提供了法律基础。

在出资登记中，首先需要明确股东的出资信息。股东出资的方式多种多样，可以是货币出资、实物出资或者以知识、技术、土地等形式的出资。出资信息的登记要求真实准确，确保公司注册的资本充实、合法。登记还需提交相关出资证明材料，以确保股东资金来源的合法性，符合国家法规要求。

出资登记过程中，需要注明股东的认缴出资和实缴出资。认缴出资是指股东承诺在公司设立后一定期限内出资，而实缴出资是指股东已经真实投入的资金。这两者的明确有助于确保公司实际获得足够的资本支持，防范不实出资的情况发生。

而在股权确认环节，需要明确股东的股权比例和权益。股权比例是根据股东的出资比例来确定的，反映了各股东在公司中的投资份额。这对公司的治理结构和决策权力分配有着深远的影响，因此在股权确认时需要确保比例的准确计算。也需要确认股东在公司中享有的权益，包括股利分配、知情权、表决权等。

为了确保股权的真实性和合法性，需要提交相关的股权证明文件。这些文件包括但不限于出资协议、股东会决议等，用于证明股东在公司中的股权情况。股权的确认有助于建立公司内部的法定秩序，明确各方的权利和义务，为公司的日常运营提供法律依据。

在公司注册的过程中，这两个环节的完成对于公司的合法运作至关重要。出资登记和股权确认是公司资本结构的基础，是公司合法运作的前提。这两个环节有助于确保公司内部治理的透明度和合法性，为公司的稳健发展提供了法律保障。这也是为了保护投资者权益，防范公司内部不正当操作和欺诈行为的发生。

出资登记和股权确认是公司注册过程中不可或缺的环节。通过明确股东的出资信息和股权比例，确保公司内部治理结构的合法性和透明度，为公司的正常经营提供了法律基础。这两个环节的完成有助于建立健全的公司治理体系，为公司的长期稳定发展打下了坚实的法律基础。

第三节　公司治理的基本原则和机构安排

一、公司治理的基本原则

(一) 股东权利与平等原则

公司治理是一个关系复杂、涉及多方利益关系的系统性问题。在公司治理中，股东权利与平等原则是两个基本原则，它们构成了公司治理的核心框架，影响着公司内部组织结构、决策机制以及股东之间的关系。

股东权利是公司治理中的重要组成部分。股东是公司的出资者，其在公司中享有一系列权利，这些权利构成了公司治理中的基础。股东有权参与公司的股东会，并在股东会上行使投票权。股东会是公司治理的最高权力机构，决定了公司的基本政策和大事。股东有权分享公司的利润，通过股息等方式获取投资回报。股东还有权收购、转让其持有的股份，参与公司的股权交易。这一系列权利保障了股东在公司治理中的合法权益，使其能够通过投票、分红等方式参与公司决策，并在公司发展中分享利益。

平等原则是公司治理的另一基本原则，强调公司内部各方应当在法律框架下平等对待。平等原则的核心是保障股东、董事、监事等各利益相关方在公司治理中享有平等的权利和义务。平等原则要求公司在制定公司章程和股东协议时，应当平等对待各股东，不得偏袒某一方。平等原则要求公司在经营活动中要对内对外平等对待各方，不得在业务合作、资源分配等方面偏袒某一方。平等原则旨在保证公司治理的公平和透明。

股东权利与平等原则之间存在相互关联的关系。股东权利的行使需要在平等的基础上进行，不能侵犯其他利益相关方的平等权利。例如，在股东会上行使投票权时，应当充分尊重其他股东的意见，保障各股东平等参与公司决策。在公司的经营活动中，股东不应通过滥用权利等方式损害其他利益相关方的权益，应当遵守平等原则。

公司治理中的平等原则还表现在对公司内部结构的平等对待。公司董事会、监事会等治理机构的组成和运作应当体现平等原则，不得出现某一方对公司治理过度集权的情况[①]。这有助于避免公司内部出现利益冲突、权力失衡等问题，构建平等、公正的治理结构。

公司治理中的平等原则也要求公司与外部利益相关方的平等对待。在公司的业务合作、市场竞争等方面，公司应当遵守市场规则，不得以不正当手段获取竞争优势，保障各市场主体的平等竞争权利。平等原则的遵守有助于构建公平竞争的市场环境，推动产业健康发展。

公司治理中的股东权利与平等原则是公司内部治理机制的基础。股东权利保障了股东在公司中的参与和权益，而平等原则则保障了公司内外部各方的平等地位。这两个基本原则相互关联、相互制约，共同构成了公司治理的核心框架，为公司的健康发展提供了法律基础和制度保障。公司治理要在充分尊重股东权利的基础上，积极践行平等原则，促进公司内部与外部各方的共同繁荣。

(二) 公平合理与诚信信用原则

公司治理的基本原则主要包括公平合理原则和诚信信用原则，这两大原则构成了公司治理的核心理念。公平合理原则强调在公司治理中各利益相关方之间的平等和公正，而诚信信用原则强调公司及其管理层应诚实守信，遵循商业道德，保持信用良好。这两大原则共同构筑了一个有序、透明、公正的公司治理框架。

公平合理原则是公司治理的基石之一。这一原则主张在公司治理过程中，各利益相关方应当平等对待，共同分享公司的收益和承担风险。公司治理体系应确保各方的权益得到公正的保护，不偏袒某一方，维护公司治理的公平性和合理性。公平合理原则涵盖了股东、员工、债权人等各利益相关方，要求在公司决策、分配利润等方面，不损害任何一方的正当权益。这有助于构建稳定的公司治理结构，增强公司的长期可持续发展的能力。

诚信信用原则强调公司及其管理层应诚实守信，遵循商业道德规范。公司治理需要建立在信任和透明的基础之上，而诚信信用原则恰好满足了这一要求。管理层应当恪守诚信原则，诚实守信地履行其职责，对公司的经营

① 叶知年，陈淑婷．反向抵押权法学理论之厘清 [J]. 长春理工大学学报（社会科学版），2023，36(6)：17-22.

状况和财务状况进行真实披露。公司与各利益相关方之间也应建立基于信任的长期合作关系，维护公司信誉。这有助于降低公司的经营风险，提高企业的声誉和市场竞争力。

公平合理原则和诚信信用原则相辅相成，形成了一个相对完备的公司治理体系。在公平合理的基础上，诚信信用的原则为公司治理提供了实质性的道德支撑，保障了公司治理的道德合法性。两者共同构成了公司治理框架中的伦理基石，为公司的稳健经营和可持续发展提供了重要的道德支撑。

公平合理原则和诚信信用原则在应对公司内部和外部挑战时发挥了积极作用。在公司内部，这两大原则有助于构建和谐的企业文化，增强员工的归属感和忠诚度。在应对外部市场的竞争中，公平合理原则和诚信信用原则有助于树立公司良好的社会形象，吸引更多的股东、客户和投资者。这种道德上的自律和负责任的行为将有效地增强公司的可持续发展和危机抵御的能力。

公平合理原则和诚信信用原则是公司治理的基本原则，构建了一个有序、透明、公正的公司治理框架。公平合理原则保障了各利益相关方的平等和公正，诚信信用原则强调了公司及其管理层应诚实守信，遵循商业道德。这两大原则在公司治理中相互交融，共同构筑了一个健康、稳定、诚信的公司治理环境，为公司的可持续发展提供了坚实的伦理基础。

二、公司治理的机构安排

（一）董事会的决策与监督职能

公司治理的机构安排是确保公司正常运作、股东权益得到保护的关键环节。董事会作为公司治理结构中的核心机构，既拥有决策职能，也具备对公司进行监督的权利和责任。董事会的决策和监督职能的有效发挥对于公司的长期发展和健康经营至关重要。

董事会的决策职能是公司治理结构中的关键。董事会是公司的最高决策机构，负责制定公司的经营战略、业务计划等关键决策。董事会的决策涉及公司的发展方向、投资计划、财务政策等方面，直接影响公司的经营状况和利益分配。董事会成员需要具备业务经验和专业知识，以确保决策的科学性和合理性。

董事会的监督职能是公司治理中不可或缺的一环。董事会通过对公司高层管理人员的监督，保障公司内部运作的透明度和合法性。董事会有权审议公司的财务报告、经营计划等，对公司的经营状况进行全面了解，并及时发现潜在的风险和问题。通过监督，董事会有助于防范公司内部不当操作和欺诈行为，确保公司的长期稳定发展。

董事会还负责构建和制定公司的治理结构和决策程序。通过规定公司内部的管理制度，董事会为公司的正常运作提供了制度保障。董事会构建和制定的治理结构和决策程序有助于确保公司的各级管理层有序运作，降低公司内部管理风险。

在董事会的决策和监督职能中，董事会成员的独立性显得尤为重要。独立董事是董事会中的独立监察者，他们不与公司有直接的经济利益关系，能够客观公正地履行监督职责。独立董事的加入有助于提高董事会的决策水平，防范公司内部不当行为，保护公司股东的合法权益。

董事会的决策与监督职能和公司治理的效果密切相关。一个有效运作的董事会能够为公司提供明智的决策，确保公司经营的长期可持续发展。通过有效监督，董事会能够及时发现并解决公司内部问题，保障公司治理的透明度和合法性。

在公司治理的机构安排中，董事会的决策和监督职能是保障公司长期稳定经营的基石。通过科学决策和有效监督，董事会确保公司在竞争激烈的市场环境中保持竞争力，为公司的可持续发展奠定了坚实的法律基础。

(二) 监察委员会的法定地位

监察委员会是公司治理结构中的一个重要组成部分，其法定地位在公司治理中具有特殊意义。监察委员会的法定地位主要体现在法律层面，其设立和职责在公司治理结构中发挥了重要作用。

监察委员会的法定地位体现在公司法律体系的框架中。公司法将监察委员会列为公司治理结构中的一部分，并对其设立、组成、职权等方面作出明确规定。监察委员会在公司治理中的法定地位确保了其在法律层面上的权威性和合法性。公司监察委员会会根据相关法律要求设立相关规定，使其不仅成为公司治理中的一种选择，更是一种法定制度，为公司治理结构提供了法律依据。

监察委员会的法定地位涵盖了其在公司治理中的特殊职责。监察委员会的主要职责是监督公司的经营活动、防范和纠正公司内部的违法违纪行为。这一职责不同于董事会的经营管理，而更注重对公司内部合规性和道德风险的监督。监察委员会通过对公司经营活动的审查，保障公司运作的合法性和公正性，防范潜在的风险和腐败行为，为公司治理提供了特殊的监督机制。

监察委员会的法定地位还表现在其对公司内部其他机构的独立性和独立运作的要求。公司法规定监察委员会的成员不得兼任公司的董事、高级管理人员等职务，以确保其在监督公司内部行为时具有相对独立的立场。这一要求保障了监察委员会的独立性，使其能够更为客观公正地履行监督职责，有效防范和纠正公司内部的不当行为。

监察委员会的法定地位在公司治理结构中还强调了其对公司治理的全面性监督。监察委员会不仅关注公司经济运作，还审查公司道德和法治风险。这种全面性监督有助于发现和解决公司经营中的多方面问题，促进公司在道德合规方面的健康发展。

监察委员会的法定地位对公司治理结构的健全和规范产生积极影响。监察委员会通过对公司内部监督的强化，加强了公司治理结构的完备性。其法定地位使其在公司治理中具有法律的约束力，为公司的健康发展提供了有力的制度支持。

监察委员会的法定地位在公司治理中具有重要作用。其法定地位不仅在公司法律框架中对其职责作出规定，更强调了其在公司治理结构中的特殊职责和独立地位。监察委员会的法定地位有助于构建公司治理的全面监督机制，防范公司内部合规性的道德风险，促进公司治理结构的健全和规范发展。

第四节　公司法对股东权益和企业管理的规范

一、公司法对股东权益的规范

(一) 股东权益的具体内容

股东权益是公司法体系中一个关键的概念，涵盖了股东在公司内部的各种权利。公司法对股东权益进行了详细规范，确保股东在公司经营中享有合法权益，同时维护公司的稳定和可持续发展。股东权益的具体内容主要包括股权、收益权、决策权和知情权等方面。

股东权益的具体内容之一是股权。股权是股东在公司内部所持有的股份，代表了其在公司中的所有权。公司法规定了股权的性质、来源、转让、质押等方面的法律规范，确保股东对公司拥有清晰、明确的所有权。股权的存在使得股东能够参与公司治理和分享公司的经济利益，体现了公司法对股东权益的法定保障。

股东权益还包括了收益权。股东享有公司盈余的分配权，即对公司利润的分享权益。公司法规定了公司利润的分配方式和程序，包括股息的发放、股本的增减等方面的规定，保障了股东在公司盈利中的合法权益。这一权益的存在既激励了股东对公司经营的关注和投入，也有助于吸引更多的投资者购买公司的股份。

决策权也是股东权益的一个重要方面[①]。公司法规定了股东在公司治理中的参与权利，包括股东大会的召开、董事会的选举等决策程序。股东通过投票行使决策权，参与公司的重大事务决策，确保公司的方向和战略符合广大股东的共同利益。公司法对决策权的规范使得公司治理结构更加民主和透明。

知情权也是公司法规定的股东权益之一。公司法要求公司向股东及时、准确地披露公司的经营状况、财务状况等信息，以确保股东能够了解公司的运营情况。知情权的规范使得股东具备了监督公司管理层的能力，有助于形成有利于公司稳健经营的监督机制。

① 喻中．论中国法学版图的变迁 [J]. 中国高校社会科学，2023(6)：153−154.

公司法对股东权益进行了明确的规范，确保了股东在公司治理中的合法权益。股东权益的具体内容包括股权、收益权、决策权和知情权等方面，构建了一个有序、透明、合法的公司治理框架。这一规范不仅有助于保护股东的权益，也有助于公司的长期稳健发展。通过公司法的规定，股东能够在公司治理中享有合法权益，公司能够在法定框架下有序运作，促进了公司与股东之间的和谐合作。

（二）公司法对股东权益的法定规定

公司法对股东权益的法定规定在公司治理中起着重要的作用。公司法通过明确股东的权利和义务，规范了股东与公司之间的关系，保障了股东的合法权益，有助于公司的正常经营和稳定发展。

公司法对股东的投票权进行了法定规定。股东作为公司的最终所有人，拥有在公司事务中参与决策的权利。公司法规定了股东的投票权，明确了股东在股东大会上行使投票权的程序和方式。这有助于确保公司治理的民主性和透明度，保障股东在公司事务中的合法参与和发言权。

公司法规定了股东的红利权。股东是公司经济利益的享有者，公司法对股东的红利权进行了明确的法定规定。公司在取得盈利时，应按照法定程序和比例向股东分配红利，确保股东能够分享公司经济成果。这有助于激励股东对公司的长期投资和参与经营活动。

公司法规定了股东的知情权。公司作为法人实体，其经营状况对于股东至关重要。公司法规定了公司应向股东提供相关的财务报告和业务信息，确保股东能够及时了解公司的经营状况，行使知情权。这有助于提高公司的透明度，防范公司内部不当操作和欺诈行为。

公司法还对股东的转让权进行了规范。股东作为公司的股权持有者，其股权的转让关系到公司的股权结构和治理。公司法规定了股东在股权转让过程中应当遵循的法定程序和要求，保障了公司治理的稳定性和可持续性。

公司法规定了股东的请求权。股东有权向公司提出请求，要求公司提供相关的信息和文件。公司法规定了公司应当在合理时间内满足股东的请求，确保股东能够行使其合法权益。这有助于保障公司治理中信息的畅通流动，促进公司与股东之间的互动。

公司法对股东权益的法定规定是公司治理的基础。通过对股东的投票权、红利权、知情权、转让权和请求权等方面进行法定规范，公司法确保了股东在公司治理中的合法权益得到充分保障。这有助于构建健全的公司治理结构，促进公司与股东之间的合作和共赢，为公司的可持续发展提供了法律保障。

二、公司法对公司管理的规范

(一)公司内部决策程序的规范

1. 公司内部决策程序的透明度

公司内部决策程序的透明度直接关系到公司管理的规范。公司法作为一项法律框架，为公司提供了制度基础，强调了透明度在公司管理中的关键性。透明度不仅是一种管理理念，更是公司法规范公司行为的核心原则之一。

公司内部决策程序的透明度，既表现在信息的公开透明，也表现在决策的合理透明。信息的公开透明是指公司向内外部相关方公开其决策所需的信息，确保信息不被隐瞒、篡改或操纵。这不仅有助于内部员工更好地理解决策背后的逻辑和目的，也使得外部股东、投资者及其他利益相关方能够全面了解公司的运营状况，从而形成对公司的信任感。

决策的合理透明，则要求公司在决策过程中充分考虑利益相关方的利益，确保决策合理公正。公司法规定了公司董事的责任和义务，要求其在决策中维护公司整体利益，并防范利益冲突。透明的决策过程能够让公司内外部利益相关方更清晰地了解公司管理层的决策思路，避免不当行为，保障了公司管理的规范性。

公司法通过对股东权益保护的规定，强调了透明度对于股东权益的维护作用。透明的决策过程能够让股东更好地监督公司经营，确保公司管理层不违背公司法规定，保障股东权益不受损害。

公司法规范了公司的财务报告和审计制度，要求公司及时、准确地披露财务信息。透明度要求公司向社会公众公开真实的财务状况，防止信息造假、误导投资者，维护了市场的公平竞争秩序。

公司内部决策程序的透明度是公司法规范公司管理的重要组成部分。透明度不仅关系到公司内外部的信任与合作，也是公司法规定的公司管理的规范的基石。通过提高公司内部决策过程的透明度，能够有效地维护公司法所规定的各方权益，推动公司管理的规范发展。

2. 决策程序中的冲突利益规范

决策程序中，冲突利益规范扮演着至关重要的角色。公司法在规范公司管理方面发挥着重要的作用，旨在确保各利益相关方的权益得到平衡和保护。公司法不仅是一种法律文本，更是一种组织和社会秩序的基石。

公司法的制定体现了社会对公司经营活动的期望和规范，以确保公司在实现经济利润时不违背社会公共利益。公司法对公司管理进行了全面的规范，包括但不限于公司治理结构、财务透明度、合规经营等方面。

冲突利益规范是公司法的一个重要组成部分，它旨在解决不同利益相关方之间可能产生的矛盾和冲突。在公司法的框架下，公司必须平衡股东、员工、客户、供应商等各方的利益，确保不偏袒某一方而损害其他方的正当权益。

公司法通过明确权责关系、规范决策程序，以及设立监管机构等方式，有效地引导公司在经营过程中处理利益冲突。这种规范有助于提高公司的透明度和责任感，防范潜在的不当行为，保障公司的可持续经营和社会责任。

在现代商业环境中，冲突利益规范的重要性愈发显著。随着公司规模的扩大和全球化的加剧，不同文化、法律体系之间的差异导致了更为复杂的冲突利益局面。公司法在这一背景下需要更加灵活和具有前瞻性，以适应不断变化的商业环境。

公司法作为公司管理的规范体系，不仅要求公司在经济上取得成功，更强调在社会责任和道德规范的引导下实现可持续经营。冲突利益规范作为其中的关键要素，不仅帮助企业解决内外部利益的矛盾，更有助于构建一个公正、透明、负责任的公司管理体系。

（二）公司法对高级管理层的规范

公司法旨在构建公司治理体系，确保高级管理层遵守法律法规，维护公司及利益相关者的权益。法律规范了高级管理层的权责，强调其对公司长远发展的责任。公司法要求高层制订并执行战略计划，确保公司稳健经营，追求股东长期利益。法律规定高层应当忠实履行职责，杜绝违法违规行为。公司法明确了高层对公司内控制度的建立和执行负有责任，以防范内部风险。

公司法要求高级管理层对公司财务状况和经营业绩负有真实披露的责任，以保障投资者权益。高层应当确保公司财务报告真实、完整、准确，及时披露信息，避免误导投资者。法律规范了高层对内幕信息的保密义务，以确保市场公平和透明。公司法规定高层应当履行信息披露的追溯责任，确保公司信息公开合规。

公司法规范了高级管理层的董事会参与和决策义务。高层应当积极参与董事会工作，提供专业建议，保障公司战略方向的合理性。法律要求高层在董事会中表达对公司长期价值的关切，推动公司可持续发展。公司法规定高层应当确保董事会决策的合法性和合理性，维护股东利益。

公司法规范了高级管理层的激励和薪酬制度。高层应当设计科学的激励机制，以推动员工实现公司目标。法律规定高层薪酬应当与公司绩效挂钩，确保高层与公司利益一致。公司法要求高层薪酬的透明度，以便股东和社会监督。

公司法通过对高级管理层的规范，旨在建立健全的公司治理结构，促使高层履行职责，保障公司及利益相关者的权益。法律要求高层在战略规划、财务披露、董事会决策和激励薪酬等方面履行责任。公司法的规范为公司创造了公平、透明、有序的经营环境，促进了公司与社会的和谐共赢。

第六章　民商法与公司法的实际应用

第一节　民商法在商业纠纷解决中的作用和实践

一、民商法在商业纠纷解决中的作用

（一）民商法商业纠纷解决的法律依据

1. 民商法在商业纠纷解决中的法律适用范围

民商法在商业纠纷解决中具有广泛的法律适用范围，扮演着重要的角色。其法律规定和原则为商业纠纷的解决提供了具体的法律依据和指导，从而促进公正、公平、高效的商业纠纷解决机制的形成与发展。

民商法规定了商业纠纷的基本法律适用原则。各类法律关系可能涉及合同纠纷、侵权纠纷、公司法律关系等多个方面。民商法通过对合同法、侵权法、公司法等的规定，明确了商业纠纷的法律适用范围，为商业纠纷的解决提供了基础性的法律支持。

民商法规定了商业纠纷的解决程序。程序是确保公正和高效的关键。民商法明确了民事诉讼程序和仲裁程序的规定，为商业纠纷的解决提供了法律框架。通过明确的程序规定，商业纠纷的解决能够更加有序、迅速的进行，提高了法律制度的可操作性[①]。

民商法规定了商业纠纷的调解制度。商业纠纷解决不仅依赖法院诉讼，还可以通过调解达成协议，实现和解。民商法规定了调解的基本原则和程序，鼓励当事人通过调解方式解决纠纷。这有助于减轻法院负担，提高商业纠纷解决的效率。

商业纠纷的解决离不开充分的证据支持，而民商法规定了证据的收集、

① 何炜炜．习近平法治思想引领公安法学教育的理论与实践[J]．福建警察学院学报，2023，37(5)：1-8.

提交和审查程序，保障了商业纠纷解决中的证据合法性和真实性。这为商业纠纷的公正判决提供了法律保障。

民商法在商业纠纷解决中具有广泛的法律适用范围。通过明确法律关系、规定解决程序、强调调解制度、规定证据法律适用等，民商法为商业纠纷的解决提供了全面的法律支持。民商法的法律适用为当事人提供了明确的法律框架，为公正、高效的商业纠纷解决提供了法律基础。

2. 民商法对不同类型商业合同的规定

对不同类型商业合同的规定起着重要的法律作用，民商法也在商业纠纷解决中发挥着关键的角色。这一法律框架为商业活动提供了明确的规范，同时在纠纷解决方面为当事人提供了有力的法律支持。

民商法对不同类型商业合同进行了具体而明确的规定。合同作为商业活动的基石，不同类型的合同需要在法律层面有明确的规范。民商法对购销合同、租赁合同、合资合作合同等多种商业合同进行了详细规定，明确了各方的权利义务、履行程序、违约责任等方面的法律规范。这有助于确保商业活动的合法性和合规性，提高商业合同的执行效力。

民商法规定了商业纠纷解决的法律途径和程序。难免会出现纠纷，而民商法明确了纠纷解决的方式，包括诉讼和仲裁两种主要方式。民商法规定了诉讼的程序、仲裁的条件和程序等方面的规定，为当事人提供了在商业纠纷解决中明确的法律依据，这有助于保障商业纠纷的及时解决和公正裁决。

民商法作出了合同解除和损害赔偿的相关规定。当商业合同出现违约或者其他履行困难的情况时，民商法明确了解除合同的条件和程序，同时规定了对于损害的赔偿责任。这为当事人提供了在合同履行过程中权益的法律保障，强调了合同履行的诚实守信原则。

民商法对特殊类型商业合同进行了更为细致的规定。例如，对于技术合同、合资合作合同等特殊性较强的商业合同，民商法规定了相应的专门性条款，以满足特殊领域的需求，保障当事人的权益。

民商法在商业合同规定和商业纠纷解决方面发挥着不可替代的作用。通过对不同类型商业合同的明确规范和对商业纠纷解决的法律途径的明确规定，民商法为商业活动提供了有力的法律支持，保障了商业交易的合法性和合规性。这一法律框架有助于维护商业合同当事人的权益，提高商业活动的稳定性和可持续性。

（二）民商法对合同履行与违约的规范

民商法在合同履行与违约方面规范了各类合同的基本原则和具体规定，为商业纠纷解决提供了法律依据和指导。合同是商业活动中的基本组成部分，而合同的履行与违约直接影响市场经济的稳定和有序运行。

民商法对合同的履行提出了基本原则。法律规定合同是自愿协商、平等互利的基础上订立的，各方应当诚实守信、履行合同义务。这为合同的履行提供了基本法律准则，要求合同各方在交易过程中遵循公平、诚信的原则，推动市场的良性运行。

民商法规范了合同履行的具体要求。法律要求各方按照合同的约定履行自己的义务，并在合同履行过程中保持诚信，防止恶意拖延或拒绝履行合同。法律规定了当事人在履行过程中的协商和调解程序，为合同履行提供了一种和解的机制。

在合同违约方面，民商法也提供了明确的规定。合同一旦发生违约，法律规定了受害方的权利和救济措施。这包括索赔、请求履行、解除合同等权利，为合同违约提供了具体的法律途径。法律还规定了违约方应当承担的法律责任，以保护合同履行方的合法权益。

民商法在商业纠纷解决中扮演了重要的角色。法律规定了商业纠纷的解决程序和方式，包括诉讼、仲裁等多种途径。合同纠纷作为一种典型的商业纠纷，法律要求当事人在解决合同纠纷时应当遵循法定程序，依法提起诉讼或者参与仲裁，保障各方的合法权益。

民商法还规范了商业仲裁的程序和效力。法律鼓励当事人选择仲裁作为一种高效、便捷的商业纠纷解决方式。仲裁裁决具有强制执行效力，保障了商业纠纷的及时解决，维护了商业交易的正常进行。

民商法对合同履行与违约的规范和商业纠纷解决的法律机制，为市场经济提供了稳定的法律基础。法律规定了合同的基本原则，明确了合同履行和违约的法律要求，同时为商业纠纷提供了多种解决途径。这为商业活动的顺利进行和法律纠纷的公正解决提供了法律支持和引导。

二、民商法在商业纠纷解决中的实践

在商业纠纷解决的实践中，民商法与仲裁程序紧密相连，共同构建了一个有序的法律框架。民商法为商业纠纷提供了具体的法律规范，明确了当事人的权利和义务。在合同履行、债务违约等方面，民商法为商业主体提供了清晰的法律依据，有力地保障了合同的履行和商业活动的正常进行。

仲裁程序作为一种有效的纠纷解决机制，为商业纠纷的高效解决提供了可能。仲裁程序强调的是当事人的自主选择和公正中立，通过仲裁庭的裁决，可以更快速地解决争端，避免了烦琐的诉讼程序。仲裁程序的迅捷性和高效性使其成为商业纠纷解决的重要工具，有助于维护商业活动的正常秩序。

在商业纠纷的实践中，民商法与仲裁程序相互协调，形成了一种灵活而稳定的法律体系。民商法为仲裁程序提供了法律基础，确保了仲裁裁决的合法性和有效性。仲裁程序也为民商法的实际运用提供了具体的执行途径，使得法律规范能够更加贴近商业实践，更好地为商业主体提供保障。

在商业纠纷解决的过程中，民商法与仲裁程序共同促进了法治建设。民商法的制定和修订反映了社会发展的需要，仲裁程序的灵活运用则展现了法律机制的创新和适应性。通过商业纠纷解决的实践，法治理念在商业领域得以深化和拓展，为商业主体提供了更为稳妥和可靠的法律环境。

民商法与仲裁程序在商业纠纷解决的实践中相辅相成，共同构建了一个有序、高效的法律框架。这种协调一致的法律体系为商业主体提供了稳定的法律保障，推动了法治理念在商业领域的不断深化和完善。在未来的发展中，民商法与仲裁程序将继续发挥重要作用，促进商业纠纷更加公正和高效解决。

第二节 公司法在公司合规管理和法律风险控制中的应用

一、公司法在公司合规管理中的应用

（一）公司法对公司合规的法定要求

公司法在公司合规管理中扮演着至关重要的角色，它通过明确的法定要求，为公司提供了合规经营的法律框架和基本规范。这种法定要求不仅规范了公司行为，也有助于维护市场秩序、保护利益相关者，使公司在竞争中取得可持续发展。

公司法规定了公司的法人地位和法人责任。公司在法定要求中被赋予了法人地位，具有独立的法律实体资格。公司法明确规定了公司法人应当依法履行合规经营的法律责任，对于公司法定代表人和高级管理人员在法人行为中的违法行为，也明确了相应的法律责任。这为公司建立健全的法人治理结构和法律责任体系提供了基础。

公司法规定了公司的出资和股权结构。在合规经营中，公司法要求公司明确股权关系、股东权益，规范出资行为。公司法对股权转让、股东权益的保护等方面进行了详细的法定规定，以确保公司在合规经营中遵循出资原则和股权管理规范。

公司法对公司信息披露提出了明确要求。合规经营要求公司及时、准确地向社会披露公司经营状况、财务状况、经营计划等信息。公司法规定了公司治理结构。合规经营要求公司建立健全的治理结构，包括董事会、监事会等机构。公司法对公司治理结构的组成、职责、决策程序等方面进行了详细的法定规定，以保障公司决策的科学性和公正性。

公司法明确了公司的年度报告和财务报告的编制和审计要求。公司在合规经营中需要按照法定规定编制年度报告和财务报告，并由独立审计机构进行审计。这有助于确保公司财务信息的真实、准确和完整，提高公司的透明度，降低财务风险。

公司法通过对公司法人地位、股权结构、信息披露、治理结构以及财务报告的法定规定，为公司合规经营提供了法律支持和指导。这一法律框架有

助于公司在市场竞争中遵循法律法规，规范经营行为，提高公司的合规性和稳健性。公司应当认真履行相关法定规定，建立完善内部合规管理体系，以保障公司的健康发展和长期竞争优势[①]。

(二)公司法在公司治理中的角色

公司法在公司治理中扮演了至关重要的角色。公司法为公司提供了法律框架和规范，规定了公司内部结构、决策程序和权责关系，旨在保障公司的合规管理和良好治理。

公司法规范了公司的法定结构。法律规定了公司的组织形式、股权结构以及董事会的设置。这为公司提供了基本的法律框架，确保公司在法律规定的范围内进行经营和管理。公司法还规定了不同层级的管理机构的权利和义务，为公司治理提供了明确的组织结构。

公司法规定了公司的经营范围和业务活动。法律规范了公司的业务目标、经营范围以及与公司法定目的不符的业务行为的限制。这有助于确保公司在经营过程中合法合规，避免违法违规的经营行为。

公司法还规范了公司董事会的权力和责任。董事会是公司治理的核心机构，负责制定公司战略、监督公司管理层、保护股东权益等。公司法规定了董事的任职条件、权利义务以及董事会的决策程序，为公司治理提供了法律指导。

公司法规范了公司内部的监督机制。法律规定了监事会的设立，监事会负责对公司经营活动进行监督，保护公司及利益相关方的权益。公司法规定了监事的资格、权利义务，为公司内部监督提供了法律基础。

在公司合规管理方面，公司法规范了公司的信息披露义务。法律规定了公司应当及时、真实、完整地披露公司的财务状况、经营业绩、重大事项等信息，以保障投资者权益和市场的公平透明。

公司法规定了公司内部控制的要求。公司应当建立健全的内部控制体系，包括财务管理、风险管理、合规管理等方面。公司法规定了内部控制的基本要求，为公司保障合规管理提供了法律支持。

---

① 郭晓刚，邹文清．高素质律师队伍建设的中国路径——《关于加强新时代法学教育和法学理论研究的意见》的解读 [J]. 人生与伴侣，2023(39)：18-20.

公司法在公司治理中发挥了关键作用。法律规范了公司的法定结构、经营范围、董事会和监事会的权责关系，为公司治理提供了法律基础。公司法要求公司履行信息披露和内部控制的义务，为公司合规管理提供了法律规范。公司法的制定和实施为企业的合法经营、股东权益保护以及社会责任履行提供了法律保障。

二、公司法在法律风险控制中的应用

（一）公司法对法律风险识别与评估的规定

1. 公司法中的法律风险概念

在公司法的视角下，法律风险成为一种不可忽视的现实。公司法对法律风险的规定主要体现在其对公司治理和合规性的要求上。公司法明确了公司的法人地位，强调了公司及其董事、股东的法定义务，旨在维护公司的稳定运营和股东的合法权益。法律风险识别与评估在公司法中被赋予了重要任务，以确保公司在法律层面的健康发展。

公司法要求公司董事对法律风险有敏锐的识别能力。公司董事在履行其职责时，应当对公司可能面临的法律风险有清晰的认识，及时采取措施予以避免或应对。法律风险的识别需要董事对公司业务的全面了解，以及对法律法规的深入理解。只有通过深入研究业务和法律环境，董事才能更准确地把握法律风险的实质，为公司的合规性提供有效保障。

公司法还规定了公司内部管理机构对法律风险的评估责任。公司内部管理机构应当建立健全的风险管理制度，通过对公司运营中的各个环节进行细致的风险评估，全面了解法律风险的可能来源和潜在影响。评估过程中，公司内部管理机构需要综合考虑公司的经营状况、行业发展趋势以及法律法规的动态变化，全面洞察法律风险的多样性和复杂性。

公司法规定了公司对外披露法律风险的要求。公司应当通过定期披露、年度报告等形式，向投资者和社会公众透明地呈现公司可能面临的法律风险。披露的内容应当包括已经发生的法律风险、正在处理的法律诉讼以及可能对公司未来经营产生重大影响的法律风险因素。通过充分披露，公司能够提高信息透明度，使投资者更好地了解公司的法律风险状况，从而作出明智的投资决策。

公司法对法律风险的规定凸显了对公司治理和合规性的高度关注。公司董事、内部管理机构以及整个公司体系都承担了识别与评估法律风险的责任。这一规定体现了法律风险在公司经营中的重要性，为公司在复杂的法律环境中保持稳健经营提供了有力支持。

2. 公司法对法律尽职调查的要求

公司法对法律尽职调查提出明确的要求，以保障公司在业务活动中的法律合规性。在法律尽职调查的过程中，公司法规定了对法律风险的识别与评估，确保公司能够全面了解潜在法律风险，有效防范和应对。

公司法要求公司在法律尽职调查中全面了解并评估与公司业务相关的法律法规。公司在进行业务活动时，需要遵守各类法规，公司法要求对这些法规进行全面了解，并在法律尽职调查中加以评估。这包括国家法律、地方法规、行业法规等多个层面，以确保公司的业务活动符合法定要求。

公司法规定了对合同的法律尽职调查。在业务合作中，合同是关键的法律文书，公司法要求公司在法律尽职调查中对合同进行详细审查。这包括合同的合法性、有效性、履行情况等方面的评估，以避免合同纠纷和法律风险。

公司法还强调了对知识产权的法律尽职调查。知识产权在许多行业中具有重要地位，公司法规定了对知识产权的详细调查，包括专利、商标、著作权等方面的法律风险评估。这有助于公司确保其业务活动不侵犯他人的知识产权，避免侵权纠纷。

在法律尽职调查中，公司法还规定了对财务法务的评估。公司需要对财务状况、税收合规情况、公司治理结构等进行全面审查，以评估潜在的法律风险。公司法规定了公司负责人对公司财务法务状况的陈述，以确保信息的真实性和透明度。

公司法规定了法律尽职调查的程序和责任。公司董事、高级管理层有责任确保法律尽职调查的实施，并对调查结果承担法律责任。公司法强调了调查程序的严谨性和独立性，确保调查的真实性和客观性。

公司法对法律尽职调查提出了明确的要求，包括对法律法规、合同、知识产权、财务法务等多个方面的全面评估。这有助于公司全面了解业务活动中可能涉及的法律风险，提高法律合规性。公司法的规定为公司法务工作提供了明确的法律指导和保障，使公司在业务活动中更加稳健、合法、可持续。

（二）公司法在合同管理与执行中的规范

公司法在合同管理与执行方面提供了明确的法律规范，旨在规范公司合同的订立、履行以及解决合同争议的程序。公司法也对法律风险识别与评估进行了规定，为公司在法律风险管理方面提供了指导。

在合同管理与执行方面，公司法规定了合同的基本要素和形成条件。合同是商业活动中的基础，公司法对合同的主体、客体、内容、形式等要素进行了详细规定。公司法还规定了合同的订立程序和方式，明确了合同的法律效力和履行义务。这为公司在合同管理和执行过程中提供了明确的法律依据。

公司法规定了合同履行中的法律责任和违约制度。公司法对于合同的履行义务、履行时间、履行地点等方面进行了具体规定，并对合同违约的后果进行了明确的法定规定。这有助于维护合同当事人的权益。在法律风险识别与评估方面，公司法对合同中可能涉及的法律风险进行规范。公司法要求公司在合同订立过程中，对可能存在的法律问题进行识别和评估。特别是对于合同中的特殊条款、违约责任、争议解决等方面，公司法规定了公司在合同订立过程中应当加以关注和评估。

公司法规定了公司董事、高级管理人员的法定责任，要求他们对合同的法律合规性进行监督和审核。公司法规定了董事、高级管理人员在合同管理中应当履行的法律责任，对于他们违反法律规定导致的法律风险，公司法也规定了相应的法律责任。公司法还规定了公司应当建立健全的法律风险管理制度。公司法要求公司建立法务部门或者聘请专业法务顾问，负责法律风险的识别与评估工作。这一规定有助于提高公司对法律风险的敏感性和准确性，降低法律纠纷的发生概率。公司法对法律风险识别与评估也进行了规范，要求公司在合同订立过程中关注可能存在的法律问题，并建立健全的法律风险管理制度。这为公司在合同管理和法律风险管理方面提供了具体的法律指导，有助于确保公司的合法合规运营。

第三节　民商法和公司法在跨境交易和国际投资中的应用

一、民商法在跨境交易和国际投资中的应用

（一）民商法对跨境合同的法律适用

在跨境交易和国际投资领域，民商法在对跨境合同的法律适用方面发挥了重要的作用。民商法旨在规范商业行为，解决商业纠纷，适用于不同国家和地区之间的跨境合同，为国际贸易和投资提供了法律基础。

民商法规定了跨境合同的基本原则。法律明确了合同的自由原则，即各方在合同中享有自由订立合同的权利。这一原则为跨境合同提供了法律基础，保障了各方在国际交易中的合同自主性。

民商法规范了跨境合同的合同形式和成立条件。法律规定了合同的成立条件，包括要素齐全、意思表示真实等。这为跨境合同的有效成立提供了法律依据，保障了国际贸易中各方的合法权益。

民商法规定了跨境合同的履行义务和方式。法律强调了合同各方应当履行诚实守信的义务，推动合同的有效履行。法律规范了合同履行的程序和方式，为跨境合同的履行提供了法律指导。

民商法还规范了跨境合同中的争议解决机制。法律允许各方通过协商、调解、仲裁等方式解决合同纠纷，保障了各方在国际交易中的合法权益。这有助于提高跨境合同的执行效率，减少争议的发生。

在涉及货物买卖的跨境合同中，民商法规定了相关的国际贸易惯例，如《联合国国际货物买卖合同公约》（CISG），为各方提供了在国际贸易中适用的一致的法律规则。

对于国际投资，民商法规定了对外直接投资的法律框架。法律规范了投资合同的成立、履行和纠纷解决等方面的法律规定，保障了投资者在国际范围内的合法权益。

民商法在跨境交易和国际投资中发挥了关键作用。法律规范了跨境合同的基本原则、合同成立和履行的规定，以及争议解决的机制，为国际贸易和投资提供了法律支持。这一法律框架有助于促进跨境交易的顺利进行，降

低交易风险，推动国际经济合作的健康发展。

（二）民商法对国际商事争端解决的法律规定

民商法在国际商事争端解决方面发挥着至关重要的作用。该法对跨境交易和国际投资提供了明确的法律规定，为各方当事人在国际商事领域的合作提供了有力的法律依据。民商法不仅促进了国际经济的发展，也为跨境交易中涉及的各种法律争端提供了切实可行的解决途径。

民商法的适用范围涵盖了国际商事争端的各个方面。在合同履行、合同解除、违约赔偿等问题上，民商法为国际商事当事人提供了具体的法律规范，为其在跨境交易中的权利和义务明确了法律地位。这一规定不仅有助于保障各方的合法权益，也为国际商事争端的解决提供了明确的法律基础。

民商法对于涉及国际商事争端的法律管辖权也有明确的规定。在跨境交易中，由于涉及多国法律体系，法律管辖权的界定成为一项复杂而关键的任务。民商法通过规定相关法律规则，明确了国际商事争端的管辖权原则，为争端的解决提供了清晰的法律框架[①]。这一规定有助于减少法律不确定性，使得当事人能够更加明晰地了解在哪个法域下解决争端，提高了国际商事争端解决的效率。

民商法还对国际仲裁的应用作出了详细的规定。在跨境交易和国际投资中，仲裁被认为是一种灵活、高效的争端解决机制。民商法通过仲裁协议的成立、仲裁程序的进行等方面的法律规则，为国际商事争端的仲裁提供了明确的法律基础。这一规定有助于当事人更好地选择和运用仲裁程序，从而更加灵活地解决国际商事争端。

民商法还在执行国际仲裁裁决和调解协议方面提供了法律支持。这一规定为仲裁裁决的执行提供了国际性的法律依据，增强了仲裁作为一种争端解决机制的可信度。对调解协议的法律规定也为调解在国际商事争端解决中的应用提供了法律支持，为当事人提供了更为灵活的解决方案。

民商法在国际商事争端解决方面的法律规定为跨境交易和国际投资提供了有力的法律保障。其明确的法律规范、对法律管辖权的规定以及对国际

① 董政．重拾“真理的片段”：新时代“国家与法的理论”反思 [J]. 北方论丛，2023（5）：80–92.

仲裁和调解的支持，使得国际商事争端的解决更加规范、高效和可行。这一法律框架有助于促进国际经济的健康发展，为各国之间的商事合作提供了坚实的法律基础。

二、公司法在跨境交易和国际投资中的应用

(一)公司法对跨境公司结构与治理的法律规定

公司法在跨境公司结构与治理方面具有重要的法律规定，为跨境交易和国际投资提供了法律框架和规范。公司法规定了跨境公司的组织结构、管理体制、信息披露等方面的要求，旨在促进公司的合法合规运营，确保跨境交易和国际投资的稳健发展。

公司法对跨境公司的组织结构提出了规定。跨境公司的组织结构涉及股东、董事会、监事会等多个层面。公司法规定了股东的权利和义务，强调了股东的知情权、表决权等。对于董事会和监事会，公司法规定了其组成、权责和运作方式，确保公司在跨境交易中有明确的决策和监督机构。公司法规定了跨境公司治理的基本原则。公司法强调了公司治理的透明性、责任性和独立性。跨境公司应当建立健全的公司治理结构，确保公司的决策和运营符合法律法规，保障公司和股东的权益。公司法还规定了对公司高级管理人员的激励和监督机制，以促进公司的健康发展。

公司法对跨境公司的信息披露提出了具体规定。信息披露是保障投资者权益、维护市场秩序的重要环节。公司法规定了跨境公司应当及时、真实地向股东和社会公开重要信息，确保市场参与者能够充分了解公司的经营状况和决策情况。这有助于提高投资者对跨境公司的信心，促进国际投资的流动。公司法还规定了跨境公司合并、分立、收购等重大交易的法律程序和法定审批要求。公司法强调了对交易方的尽职调查和交易合同的法律规定，确保交易的合法性和可行性。公司法规定了相关监管机构的审查程序，以确保跨境公司的交易行为符合法规和市场规范。

公司法在跨境公司结构与治理方面提供了全面而具体的法律规定，为跨境交易和国际投资提供了法律框架和保障。这些规定旨在促进公司在国际市场中的合法合规运营，为公司的跨境交易和国际投资提供了有力的法律支

持。公司法的规定为跨境公司提供了明确的法律责任和义务，有助于维护国际商业秩序，推动全球经济的稳健发展。

（二）公司法在国际合并与收购中的法律支持

公司法在国际合并与收购中发挥着重要的法律支持作用，特别是在跨境交易和国际投资中的应用。公司法为公司在国际市场中进行合并与收购提供了法律框架和法律支持，促进了跨国公司的发展。

公司法规定了国际合并与收购的法律程序。在进行跨境交易和国际投资时，公司法规定了公司应当遵循的法定程序，包括合并与收购的申请、审批、备案等程序。这有助于确保跨国公司在合并与收购过程中遵循合法合规的程序，提高交易的透明度和公正性。公司法规定了跨境交易和国际投资中涉及的法律权益和责任。公司法规定了公司在国际合并与收购中应当履行的法定义务和法律责任，包括对于各方权益的保护、信息披露的义务等。这有助于确保交易各方在国际合并与收购中的权益得到法律保障，降低法律风险。

公司法规定了国际合并与收购中的反垄断和竞争法规。公司法要求公司遵循反垄断和竞争法规，不得妨碍、限制市场竞争。这一规定有助于保护市场的公平竞争环境，防范垄断行为，促进市场的有效运作。公司法规定了国际合并与收购中的信息披露和审计要求。在进行跨境交易和国际投资时，公司法规定了公司应当充分披露的相关信息，包括财务状况、经营情况等。公司法要求进行审计，确保相关信息的真实和可靠。这有助于提高交易的透明度，降低信息不对称带来的交易风险。公司法规定了国际合并与收购中的法律争议解决机制。在跨国公司进行合并与收购时，公司法规定了争议解决的途径，包括仲裁和诉讼等。这有助于保障各方在合并与收购中的权益，提高国际交易的法律稳定性。

公司法在国际合并与收购中为跨国公司提供了法律支持。通过明确法定程序、规定法律权益和责任、遵循反垄断和竞争法规、要求信息披露和审计，以及规定法律争议解决机制，公司法为跨国公司在国际市场中进行合并与收购提供了法律框架和法律指导，促进了国际投资与贸易的健康发展。

第四节 民商法和公司法领域的未来发展趋势和创新

一、民商法的未来发展趋势和创新

未来，民商法领域将面临多方面的发展趋势和创新。数字化和科技的不断进步将推动民商法的现代化。随着信息技术的发展，电子合同、数字货币等新型商业模式将成为普遍现象，从而需要民商法在合同成立、履行、纠纷解决等方面进行创新和适应。

国际化和全球化将促使民商法更好地适应跨境交易和国际投资的需要。国际贸易和投资的日益增多使得各国之间的法律差异成为一个挑战。未来，民商法可能更加注重制定统一的国际商法规则，以提高全球商业活动的预测性和稳定性。

在法律服务领域，未来民商法可能会借助人工智能和大数据技术，提高法律服务的效率和普及度。智能合同、在线法律咨询等数字化法律服务的创新将成为发展趋势，为当事人提供更加便捷和高效的法律解决方案。

社会责任和可持续发展的观念逐渐深入人心，未来民商法可能在公司社会责任和环境保护方面进行更多的规范。法律可能鼓励公司采用可持续经营模式，加强对公司社会责任的监管，以实现经济效益与社会责任的良性互动。

随着金融科技的不断发展，未来民商法可能需要更灵活的法律框架来适应新兴的金融业务和交易方式[①]。比如，加密货币、区块链技术等新兴金融工具的涌现可能需要法律对其进行更为细致的规范，以保障交易的合法性和安全性。

在国际贸易纠纷解决方面，未来可能出现更多基于在线争端解决平台的创新。这种平台可能通过信息技术手段，提供更加高效和便捷的争端解决服务，为当事人提供更多选择，减少纠纷解决的时间和成本。

未来民商法将在数字化、国际化、智能化等方面迎来更多创新。这些创新将为商业活动提供更为便利的法律环境，促使法律更好地适应经济社会的发展需要，推动法律体系不断完善和进步。

① 汪习根．加强法学基础理论研究推进马克思主义法学理论中国化时代化 [J]. 中国大学教学，2023(9)：79-83.

二、公司法的未来发展趋势和创新

公司法领域的未来发展呈现出多重趋势和创新，这一发展趋势和创新将在全球范围内对公司法体系产生深远的影响。

公司法领域将面临更加复杂和多样的商业模式。随着科技的飞速发展和全球化的推进，公司在经营模式和组织结构上的创新将愈加频繁和多样化。这将对公司法提出新的挑战，要求其不断更新法律规范，适应不同类型公司的需求，保障其合法合规运营。

公司法将更加强调可持续发展和社会责任。随着社会对环境、社会和治理（ESG）的关注不断升温，未来公司法将更加注重公司的社会责任和可持续经营。法律将倾向于推动公司在经济发展的同时更好地履行社会责任，促使公司在商业决策中综合考虑社会和环境因素。

数字化将深刻改变公司法的实践。区块链、智能合约等新技术的应用将使得公司的运作更加高效和透明。未来公司法将更加重视数字经济和数据保护的法律规定，以保障数字化环境下公司和个体的权益。

国际合作和协调将成为未来公司法发展的重要方向。在全球化的趋势下，不同国家和地区之间的法律体系差异将成为跨境公司面临的挑战。未来公司法将更加强调国际合作，推动建立更为统一和协调的跨境法律框架，为公司的国际合作提供更为稳定的法律基础。

创新方面，未来公司法将更加注重法律科技的应用。人工智能、大数据分析等技术的引入将使得公司法在信息管理、合同审查等方面变得更加高效。智能法律服务将成为未来公司法创新的重要方向，为公司提供更为智能化、定制化的法律服务。

公司法的创新还将包括新型公司治理模式的探索。分布式治理、共同决策等模式的出现将使得公司内部管理更加灵活和民主化，未来公司法需要适应这些新模式的发展，为其提供法律支持。

未来公司法将在适应多样化商业模式、强调可持续发展和社会责任、数字化转型、国际合作以及法律科技应用等方面迎来全新的发展趋势和创新。这将为公司法体系的进一步完善和现代化提供丰富的思路和提出挑战。

第七章　建筑工程领域的法律研究

第一节　建筑工程法律体系和法律框架

一、建筑工程法律体系概述

(一) 建筑工程法律体系的定义与范畴

1. 建筑工程法律体系的基本概念

建筑工程法律体系是指建筑工程领域内的法律规范和制度体系，其基本概念涵盖建筑工程相关法律的组成部分、法律体系的结构和功能，以及法律在建筑工程领域中的作用和意义。

建筑工程法律体系的基本概念首先包括法律体系的组成部分。建筑工程法律体系由一系列与建筑工程相关的法律法规、政策文件、行业标准等组成，其中包括《中华人民共和国建筑法》《中华人民共和国招标投标法》《中华人民共和国工程质量管理条例》《中华人民共和国建筑安全生产法》等。这些法律规范和制度构成了一个完整的建筑工程法律体系，为建筑工程活动提供了法律依据和保障。

建筑工程法律体系的概述还包括法律体系的结构和功能。建筑工程法律体系的结构是指各项法律规范和制度之间的内在联系和组织结构，涵盖法律的层级关系、内容体系和规范体系等。建筑工程法律体系的功能主要体现在对建筑工程活动进行规范、管理和保障方面，包括对建筑工程的设计、施工、监理、验收等各个环节进行法律规范和监督管理，保障建筑工程的质量、安全与合法性。

建筑工程法律体系还包括法律在建筑工程领域中的作用和意义。建筑工程法律体系的存在和运行，不仅是为了维护建筑工程市场秩序，保障建筑工程参与各方的合法权益，还是为了促进建筑工程行业的健康发展，提升建筑工程质量和安全水平，推动建筑工程行业的可持续发展。通过建筑工程法律体系的规范和约束，可以有效地防范和解决建筑工程领域中的各类纠纷和问题，促进建筑工程行业的良性发展。

建筑工程法律体系是建筑工程领域内的法律规范和制度体系，其基本概念涵盖法律体系的组成部分、结构和功能，为建筑工程活动提供了法律依据和保障，保障了建筑工程参与各方的合法权益，促进了建筑工程行业的健康发展和可持续发展。

2. 建筑工程法律体系的涵盖范围

建筑工程法律体系是指一套涵盖建筑工程领域各方利益关系、规范建筑工程活动的法律法规和制度体系。该体系涵盖范围广泛，涉及建筑工程的规划设计、施工、验收、使用、维护等各个环节，旨在保障建筑工程的安全、质量和合法性，维护各方当事人的合法权益，从而促进建筑行业的健康发展。

建筑工程法律体系涵盖了建筑工程的立法依据和基本原则。在立法依据方面，建筑工程法律体系主要根据宪法和法律法规进行制定，包括宪法、民法总则、建筑法等法律法规。在基本原则方面，建筑工程法律体系以保障人民生命财产安全、维护社会公共利益、强调建筑工程质量和安全等为基本原则，为建筑工程活动提供了法律保障和指导。

建筑工程法律体系涵盖建筑工程的规划设计阶段。在规划设计阶段，建筑工程法律体系涉及土地规划、城乡建设规划、建筑设计规范等方面的法律法规，以及建筑设计许可、施工图审查等程序的规定，旨在确保建筑工程设计合理、符合法律法规要求[①]。

建筑工程法律体系涵盖建筑工程的施工过程。在施工过程中，建筑工程法律体系涉及施工合同的签订、工程质量监督、施工安全管理、劳动合同和劳动保障等方面的法律规定，旨在保障建筑工程的质量、安全和合法性，维护建筑工人的合法权益。

建筑工程法律体系涵盖建筑工程的验收和使用阶段。在建筑工程验收和使用阶段，建筑工程法律体系涉及工程竣工验收、建筑工程质量保修、使

① 杨延超．大模型时代我国人工智能法学理论体系的构建 [J]. 江汉学术，2024，43（1）：45–57.

用权的取得和转让等方面的法律规定，旨在确保建筑工程符合安全、环保和设计要求，保障使用者的合法权益。

建筑工程法律体系还涵盖建筑工程的维护和管理阶段。在建筑工程维护和管理阶段，建筑工程法律体系涉及建筑物维修保养、改建扩建、建筑物拆除等方面的法律规定，旨在确保建筑物的长期安全、稳定和可持续利用。

建筑工程法律体系是一套涵盖建筑工程各个环节的法律法规和制度体系。建筑工程法律体系的健全和完善对于建筑工程行业的发展和社会的稳定具有重要意义。

(二) 国家立法与建筑工程法律框架

国家立法为建筑工程领域构建了完善的法律框架，形成了建筑工程法律体系。建筑工程法律体系涵盖从建筑设计、施工、监理到验收等各个环节的法律规定和制度安排，旨在规范建筑行业的各项活动，保障建筑工程的质量安全，维护社会公共利益。

建筑工程法律体系的核心是建筑法律法规体系。国家通过颁布《中华人民共和国城乡规划法》《中华人民共和国建筑法》等相关法律法规，明确了建筑工程的基本法律原则、规范和要求。这些法律法规规定了建筑工程的基本管理制度、责任主体、工程质量标准等内容，为建筑工程的正常进行提供了法律保障。

建筑工程法律体系涉及建筑工程的设计阶段。国家建立了建筑设计的审批制度，要求建筑设计必须符合国家的建筑规范和技术标准，保证建筑设计的安全性、实用性和美观性。设计单位应当依法承担设计的质量责任，并接受有关部门的监督和检查。建筑工程法律体系覆盖了建筑施工阶段。国家对建筑施工实行施工许可制度，要求施工单位必须具备相应的资质和技术能力，保证施工过程的安全性和质量。施工单位应当依法履行施工合同，确保工程按照设计要求和相关标准进行施工，保障施工过程中的安全和质量。

国家建立了建筑工程监理制度，要求监理单位对建筑工程的施工过程进行监督和检查，及时发现和纠正施工中的违法行为和质量问题。建筑工程竣工验收是确保工程质量和安全的重要环节，国家对建筑工程进行严格的验收程序和标准要求，保证工程达到规定的质量标准和安全要求。建筑工程法律体系还涉及建筑工程质量监管和责任追究。国家建立了建筑工程质量监督管理制度，加强对建筑工程质量的监管和评估，依法追究建筑工程质量不达标的责任，保障工程质量和人民群众的安全。

建筑工程法律体系是国家立法为建筑行业构建的完善法律框架，包括建筑法律法规体系、建筑设计审批制度、建筑施工许可制度、建筑监理和验收制度以及建筑工程质量监管和责任追究制度等内容。这一法律体系的建立和健全，有助于规范建筑行业的各项活动，维护社会公共利益和人民群众的合法权益。

二、建筑工程的法律框架建设

（一）合同法在建筑工程中的适用

在建筑工程领域，合同法是一项至关重要的法律体系，它规范了建筑工程中各方之间的权利义务关系，保障了建筑工程的顺利进行和各方合法权益的保护。建筑工程法律框架的主要要素包括合同法、建筑法、招投标法、施工安全法等。

合同法在建筑工程中的适用主要体现在合同的签订、履行和解决纠纷等方面。建筑工程涉及多个合同主体之间的合作关系，如业主、设计单位、施工单位、监理单位等，而合同法则规范了各方之间的权利义务关系，明确了合同的内容、履行方式和责任等方面的要求。合同法的适用使得建筑工程合同具有法律效力，为建筑工程的顺利进行提供了法律保障。

建筑工程法律框架的主要要素还包括建筑法。建筑法是针对建筑工程领域的法律体系，主要规定了建筑工程的基本原则、规划设计、施工监理、竣工验收、质量保证等方面的要求。建筑法的适用为建筑工程提供了法律依据，保障了建筑工程的安全质量和合法性。

招投标法也是建筑工程法律框架的重要组成部分。招投标法规定了建筑工程招标投标的基本原则、程序和要求，保障了建筑工程招标投标的公开、公平、公正，促进了建筑工程市场的健康发展和竞争环境的公平竞争。

施工安全法也是建筑工程法律框架中的重要内容。施工安全法规定了建筑工程施工过程中的安全管理制度、安全生产责任、事故预防和应急处置等方面的要求，保障了建筑工程施工过程中的安全生产，预防和减少了施工安全事故的发生。

建筑工程法律框架的主要要素不仅规范了建筑工程各个环节的法律要求和标准，还促进了建筑工程行业的健康发展和稳定运行。建筑工程法律框架的完善和健全为建筑工程的顺利进行和合法权益的保护提供了重要保障，为建筑工程的发展和进步作出了积极贡献。

(二) 建筑工程质量与安全法规

建筑工程质量与安全法规构成了建筑工程法律框架的主要要素，它们是保障建筑工程质量和安全的重要法律依据和规范。建筑工程质量与安全法规涵盖一系列法律法规、标准规范和管理制度，其主要要素包括建筑工程质量管理法规和建筑工程安全管理法规两个方面。

建筑工程质量管理法规是建筑工程法律框架的重要组成部分。它涵盖一系列与建筑工程质量相关的法律法规、标准规范和管理制度，包括建筑工程设计规范、建筑工程施工技术规范、建筑工程质量验收标准等。建筑工程质量管理法规主要包括对建筑工程设计、施工、材料、设备、验收等各个环节的质量要求和标准规范，保障建筑工程质量的稳定和可靠性。

建筑工程安全管理法规也是建筑工程法律框架的重要组成部分。它涵盖一系列与建筑工程安全相关的法律法规、标准规范和管理制度，包括建筑工程安全生产法、建筑工程施工安全规范、建筑工程安全监管制度等。建筑工程安全管理法规主要包括对建筑工程施工过程中的安全管理要求和标准规范，保障建筑工程施工过程中的安全和稳定。

建筑工程质量与安全法规的要素还包括建筑工程质量和安全监管机构、监督管理制度等。建筑工程质量与安全法规规定了相关的建筑工程质量和安全监管机构，负责对建筑工程质量和安全进行监督管理和检查评定。建筑工程质量与安全法规还规定了相应的监督管理制度和监督责任，保障了建筑工程质量和安全监管的有效实施。

建筑工程质量与安全法规的完善和执行，对于保障建筑工程质量和安全具有重要意义。通过建立健全的法律法规体系和管理制度，可以规范和引导建筑工程各参与方的行为，提高建筑工程质量和安全管理水平，保障建筑工程的稳定和可靠性。建筑工程质量与安全法规的落实还可以促进建筑工程行业的健康发展。

第二节　建筑工程法律问题和法规遵从

一、建筑工程的法律问题

（一）施工合同与责任问题

1. 合同订立阶段的法律风险

合同订立阶段存在各种法律风险，特别是在建筑工程领域，这些风险可能影响合同各方的权益和合作关系。一些合同条款可能存在模糊不清或不完善，导致在合同履行过程中产生争议和纠纷。合同当事人可能存在信息不对等，导致在合同订立阶段存在对合同条款的误解或漏解。建筑工程合同的特殊性和复杂性也增加了合同订立阶段的法律风险，如对工程质量、工程进度、工程变更等方面的约定可能存在理解的差异和纠纷。针对这些风险，合同各方应加强对合同条款的审查和解释，明确双方的权利义务，尽量避免合同纠纷的发生。

在建筑工程法律问题的分析与解决中，需要考虑以下几个方面。对合同的条款和内容进行仔细审查和研究，确保合同条款的明确和完善，以减少合同纠纷的发生[①]。合同各方应加强沟通和协商，明确双方的意向和要求，尽量达成一致，避免合同订立阶段的不确定性和矛盾。建立健全的合同管理和监督制度，加强对合同履行过程的监督和管理，及时发现和解决合同履行中存在的问题和风险。如发生合同纠纷，合同各方应积极寻求法律途径解决争议，遵循法律程序，维护自身合法权益，确保建筑工程合同的正常履行。

合同各方应认真评估合同履行过程中可能存在的各种风险和隐患，并采取相应的预防措施和应对策略，降低合同履行过程中的风险和损失。建立健全的风险管理体系和应急预案，加强对合同履行过程中的风险监测和控制，及时应对突发事件和紧急情况，保障建筑工程合同的顺利实施和合同各

① 夏扬．人在法律中的形象与“法律人”学术内涵的重建 [J]. 政法论丛，2024(1)：149-160.

方的合法权益。

建筑工程法律问题的分析与解决是一个复杂而重要的过程，需要合同各方充分重视，加强合同管理和监督，明确合同条款和义务，加强沟通和协商，建立健全的风险管理机制，以确保建筑工程合同的顺利实施和合同各方的合法权益。

2. 施工责任纠纷的法律处理

建筑工程法律问题的分析与解决涉及多个方面的考量与实践。施工责任纠纷是建筑工程中常见的法律问题之一，其处理需要综合考虑法律法规、合同约定、事实情况以及专业技术标准等因素。

建筑工程法律问题的分析与解决首先需要对施工责任纠纷的性质和起因进行深入分析。施工责任纠纷可能涉及工程质量问题、施工过程中的安全问题、合同履行问题等多方面因素。需要对纠纷的具体情况进行全面分析，确定责任主体、责任原因以及造成的损失程度。

在分析施工责任纠纷时，需要综合考虑法律法规的规定。建筑工程涉及的法律法规较为复杂，包括建筑法、工程质量管理条例、建设工程施工安全生产管理条例等。在处理施工责任纠纷时，需要根据相关法律法规对责任主体的义务、责任的承担和损失的补偿等方面进行准确的判断和处理。

合同约定是解决施工责任纠纷的重要依据之一。建筑工程施工往往伴随着各种合同关系，包括建设工程施工合同、设计合同、材料供应合同等。在工程质量、工程进度、安全管理等方面往往有明确的约定。需要对合同约定进行仔细审查，确定各方当事人的权利和义务，为解决纠纷提供依据。

专业技术标准也是解决施工责任纠纷的重要参考依据。建筑工程涉及专业的工程技术和标准，如建筑设计规范、施工工艺标准等。需要根据相关的技术标准和规范对工程质量、安全管理等方面进行评估和判断，确定责任主体和责任范围。

在解决施工责任纠纷时，需要采取有效的解决途径和方式。可以通过协商、调解、仲裁或诉讼等方式解决纠纷。根据具体情况和当事人的意愿选择合适的解决方式，尽快解决纠纷，维护建筑工程的正常进行和各方当事人的合法权益。

(二) 建筑质量与安全合规

建筑质量与安全是建筑工程领域最重要的问题之一，涉及公共安全和人民群众的生命财产安全。建筑工程法律问题的分析与解决是维护建筑质量与安全合规的关键，需要从多个方面进行考量和处理。

建筑质量与安全合规的问题源于建筑工程的设计、施工、监理等环节。在设计阶段，如果设计方未能充分考虑到建筑结构、材料选择、施工工艺等因素，可能导致建筑质量不合格或安全隐患。在施工阶段，如果施工单位违反施工规范、安全操作规程，或者使用劣质材料等，也会对建筑质量和安全造成严重影响。需要加强对建筑设计和施工过程的监督管理，确保建筑工程符合相关法律法规的要求，保障建筑质量和安全。

建筑质量与安全合规涉及建筑工程的质量评估和验收。建筑工程竣工验收是确保建筑质量和安全的重要环节，需要依法进行严格的验收程序和标准要求，确保工程达到规定的质量标准和安全要求。建筑工程的质量评估也应当依据相关法律法规和技术标准进行，确保对建筑质量的客观评价和监督。

建筑质量与安全合规还需要加强对建筑从业人员的培训和管理。建筑行业是一个技术密集型的行业，建筑工程的质量和安全直接关系到建筑从业人员的专业水平和技术能力。需要加强对建筑从业人员的培训和教育，提高其专业素质和技术水平，保障建筑工程的质量和安全。

建筑质量与安全合规是建筑工程领域的重要问题，需要从设计、施工、监理、质量评估、验收、监管和责任追究等多个方面进行全面考量和处理。只有加强对建筑工程的规范管理和监督，才能有效解决建筑工程法律问题，保障建筑质量和人民群众的安全。

二、建筑工程的法规遵从

(一) 建筑法规遵从的法律框架

建筑法规的遵从是建筑工程领域中不可或缺的重要环节，它涉及建筑工程活动中各方的合法权益和责任义务。建筑法规的遵从需要依赖一套完整的法律框架，这一框架包括多个方面的内容，如建筑法、建设工程质量管理条例、施工安全生产法等。建筑工程法规遵从与合规管理是确保建筑工程顺利进行和各方合法权益得到保障的关键。

建筑法是建筑工程领域中的基本法律规范，它规定了建筑工程的基本原则、规划设计、施工监理、竣工验收等方面的要求。建筑法的遵从要求建筑工程各方严格按照法律规定进行规划设计、施工管理和验收评估，确保建筑工程的合法性和安全性。

除了建筑法，建设工程质量管理条例也是建筑工程法规遵从的重要内容之一。建设工程质量管理条例规定了建筑工程质量管理的基本原则、管理制度和监督检查等方面的要求，旨在保障建筑工程的质量安全和合法合规。建筑工程各方应当严格遵守建设工程质量管理条例的要求，加强对建筑工程质量的管理和控制，确保建筑工程质量符合国家标准和规定。

施工安全生产法也是建筑工程法规遵从与合规管理的重要组成部分。施工安全生产法规定了建筑工程施工过程中的安全管理制度、安全生产责任和事故预防措施等要求，旨在保障建筑工程施工过程中的安全生产和劳动者的人身安全。建筑工程各方应当严格按照施工安全生产法的规定进行施工管理和安全防护，防范和减少施工安全事故的发生，确保施工过程安全稳定。

除了以上法律框架，建筑工程法规遵从与合规管理还需要依托其他相关法律法规的支持和配合，如环境保护法、城市规划法、土地管理法等。建筑工程各方应当综合考虑多方面的法律要求和标准，加强建筑工程管理和监督检查，确保建筑工程活动在法律框架内合法、合规进行，促进建筑工程行业的健康发展和社会稳定。

建筑法规遵从与合规管理是建筑工程领域中的重要环节，它涉及建筑工程各方的合法权益和责任义务。建筑工程法规遵从需要依赖一套完整的法律框架，包括建筑法、建设工程质量管理条例、施工安全生产法等。建筑工程各方应当严格按照法律要求和标准进行建筑活动管理和监督检查，确保建筑工程的合法性、安全性和质量可靠。

（二）法规合规管理与风险防范

建筑工程的法规合规管理是确保建筑工程活动合法、规范、安全进行的重要手段。建筑工程法规遵从与合规管理涉及建筑工程活动中的法律法规遵守、规范实施、风险防范等方面的问题。建筑工程领域的法规遵从和合规管理至关重要，不仅关乎建筑工程的质量、安全、进度等方面，也关乎建筑工程参与各方的合法权益和社会公共利益的维护。

法规遵从是建筑工程参与各方必须严格遵守的基本要求。这包括遵守国家、地方和行业颁布的一系列法律法规、标准规范、政策文件等。建筑工程参与各方必须对相关法规有所了解，并在建筑工程活动中严格依法操作，确保各项活动符合法律法规的要求，保障建筑工程的合法性和规范性。

合规管理是建筑工程参与各方在建筑工程活动中必须重视和加强的管理措施。合规管理包括建立健全的内部管理制度和流程、加强内部管理和监督、强化风险防范和控制等方面。建筑工程参与各方应建立健全的组织架构和管理体系，明确各级管理人员的责任和权限，规范建筑工程活动的各个环节，确保建筑工程活动的合规性和规范性。

在建筑工程法规遵从与合规管理中，风险防范是一个重要的方面。建筑工程活动涉及的风险较多，包括工程质量风险、安全风险、合同风险、环境风险等。建筑工程参与各方应当充分认识到这些风险的存在和影响，采取积极有效的措施加以防范和控制。这包括建立风险评估和管理机制、建立应急预案和应对措施、加强对关键环节和重点工序的监督和检查等。

建筑工程法规遵从与合规管理是保障建筑工程活动合法、规范、安全进行的重要保障。建筑工程参与各方应当严格遵守相关法律法规，加强合规管理和风险防范，确保建筑工程活动的合法性、规范性和安全性。只有在法规遵从与合规管理的基础上，才能保障建筑工程的质量、安全和可持续发展。

第三节　建筑工程法律研究的历史和发展趋势

一、建筑工程法律研究的历史发展

（一）古代建筑法律制度

1. 古代文明中的建筑法规

古代文明中的建筑法规具有悠久的历史和丰富的内涵，反映了当时社会的政治、经济、文化等方面的特点和发展需求。建筑工程法律研究的历史发展源远流长，经历了不同文明阶段的演变和完善。

古代文明中的建筑法规可以追溯到古代文明的兴起和建设活动的开展。古代文明如古埃及、古巴比伦、古印度等都有建筑活动的发展，相应也形成了一定的建筑法规和规范。这些规范往往与宗教、国家政治、社会秩序等紧密相关，旨在维护社会稳定和神权的统治。

在古希腊和古罗马时期，建筑工程法律研究有了较为系统和完善的发展。古希腊的城邦制度和民主政治为建筑法规的形成提供了基础，建筑活动受到政治、社会和文化的影响。古罗马时期，建筑工程法律研究进一步完善，建筑工程活动受到政府的严格管理和监督，建立了一系列建筑规范和工程管理制度，确保了建筑质量和工程安全。

中世纪欧洲是建筑工程法律研究的重要时期之一。在基督教的影响下，教会成为建筑活动的主要推动者和管理者。教会制定了一系列建筑法规和标准，如哥特式建筑的设计规范和施工技术要求，以及修道院、大教堂等重要建筑的管理制度。这些规范和制度在中世纪欧洲的建筑活动中起到了重要的指导和保障作用。

建筑工程法律研究逐渐走向科学化和现代化。随着工业革命和城市化进程的加快，建筑工程的规模和复杂性不断增加，对建筑法规和管理制度提出了新的挑战和需求[①]。19世纪以来，各国相继制定了建筑法律和建筑标准，建立了建筑工程管理部门和监督机构，加强对建筑活动的规范和管理。

20世纪以来，建筑工程法律研究进入了现代化阶段，建筑法规和管理

① 王利平．数字技术视域下公安院校法学教育研究 [J]. 法制博览，2024(2)：19-21.

制度得到进一步完善和发展。随着科技的进步和经济的发展，建筑工程活动涉及的法律问题日益复杂和多样化，需要不断完善法律体系和法规制度，加强对建筑工程活动的监督和管理。

当前，建筑工程法律研究面临着新的挑战和机遇。全球化、信息化、可持续发展等新的趋势和要求对建筑工程法律体系提出了新的需求和挑战。建筑工程法律研究需要加强国际交流与合作，借鉴国际先进经验，加强对新技术、新材料和新模式的法律规范和监管，推动建筑工程法律研究不断向前发展，为建筑行业的健康发展和社会的可持续发展作出更大的贡献。

2. 建筑工程合同与责任在古代的法律体现

古代法律体系中，建筑工程合同与责任方面的规定体现了古代社会对建筑工程活动的管理和监督。古代建筑工程法律研究的历史发展，是对建筑工程领域法律制度和规范的探索和演进。

建筑工程活动是社会发展和经济建设的重要组成部分，因此，古代法律体系对建筑工程活动进行了一定的规范和管理。在古代文献和法典中，可以找到一些关于建筑工程合同与责任的规定和记录。

建筑工程合同的订立已经存在。例如，在中国古代，可以追溯到秦汉时期，已经出现了建筑工程合同的相关记录。建筑工程合同主要规定了建筑工程的基本内容、费用、工期等事项，明确了双方的权利和义务，为建筑工程活动提供了法律保障。

对建筑工程的质量和安全也有一定的关注和规定。古代社会对建筑工程的质量要求较高，建筑工程的质量问题可能会涉及相关责任。可以找到一些关于建筑工程质量和安全的规定和记录，这些规定主要涉及建筑工程的材料、结构和施工技术等方面的要求，旨在保障建筑工程的质量和安全。

建筑工程合同的履行和责任问题也是古代法律研究的重要内容之一。对建筑工程合同的履行和责任有一定的规定和要求。例如，在古代中国，如果建筑工程出现质量问题或者未能按时完成，施工方可能会被追究相应的责任，需要承担相应的法律责任。

随着古代社会的发展，建筑工程活动逐渐成为经济和社会生活的重要组成部分，建筑工程法律研究也逐渐得到了进一步的深化和完善。在古代法律体系中，建筑工程合同与责任的规定体现了古代社会对建筑工程活动的管理和监督，为建筑工程的顺利进行提供了一定的法律保障和支持。

古代法律体系中对建筑工程合同与责任的规定体现了古代社会对建筑工程活动的重视和管理，为建筑工程活动提供了一定的法律保障和规范。建筑工程法律研究的历史发展是对古代法律制度和规范的探索和演进，也是对建筑工程活动规范和管理的重要反映。

(二) 工业时代的建筑法律发展

工业时代的建筑法律发展具有深远的历史渊源和演变过程。建筑工程法律研究的历史发展是一个辩证的过程，从简单到复杂，从单一到多元，反映了人类社会对建筑工程活动的规范和管理需求的不断深化和完善。

建筑法律研究的历史发展可以追溯到古代文明时期。在古代，建筑活动作为人类社会的重要组成部分，受到了政府和社会的关注和管理。古代建筑法律主要体现在土地使用权、建筑结构安全、土地所有权等方面的规范，旨在保障公共利益和个人权益的平衡。

随着工业化的进程和城市化的发展，建筑工程活动呈现出日益复杂和多样化的趋势，建筑法律研究也得到了进一步发展。工业时代的建筑法律发展主要体现在建筑工程质量管理、施工安全生产、招投标制度等方面的完善和强化。工业时代的建筑法律研究主要围绕着建筑工程活动的合法性、安全性和质量可靠性展开，旨在推动建筑工程行业的健康发展和社会稳定。

在建筑工程质量管理方面，工业时代的建筑法律发展注重强调建筑工程的质量标准和监督管理制度。建筑法律研究者通过制定建筑工程质量管理条例和相关法规，规范了建筑工程质量管理的基本原则和要求，促进了建筑工程质量的提升和保障。

在施工安全生产方面，工业时代的建筑法律发展重视加强建筑工程施工过程中的安全管理和事故预防措施。建筑法律研究者通过制定施工安全生产法和相关法规，规范了建筑工程施工过程中的安全管理制度和安全生产责任，加强了对建筑工程施工安全的监督和管理。

在招投标制度方面，工业时代的建筑法律发展注重推动建筑工程市场的公开、公平、公正竞争。建筑法律研究者通过制定招投标法和相关法规，规范了建筑工程招标投标的程序和要求，保障了建筑工程市场的健康发展和竞争环境的公平竞争。

工业时代的建筑法律发展是一个持续不断的历史进程，反映了人类社会对建筑工程活动规范和管理的不断探索和完善。建筑法律研究的历史发展为建筑工程行业的健康发展和社会稳定提供了重要法律支撑和保障，为建筑工程行业的进一步发展和壮大奠定了坚实基础。

工业时代的建筑法律发展是建筑工程行业发展历程中的重要组成部分，它反映了人类社会对建筑工程活动规范和管理的不断探索和完善，为建筑工程行业的健康发展和社会稳定提供了重要法律支撑和保障。

二、建筑工程法律研究的发展趋势

(一) 可持续发展与绿色建筑法律研究

建筑工程法律研究的发展趋势在于对可持续发展和绿色建筑的法律框架和政策措施进行深入探讨和研究。随着全球可持续发展理念的提出和绿色建筑概念的兴起，建筑工程法律研究逐渐关注建筑行业的可持续性发展和环境保护问题。发展趋势主要表现在以下几个方面。

第一，建筑工程法律研究趋向于从传统的建筑法律框架向可持续发展和绿色建筑领域拓展。研究者开始关注建筑工程活动对环境、社会和经济的影响，探讨如何通过法律手段促进建筑工程的可持续发展和绿色建筑实践。研究内容涵盖建筑能源效率、资源利用、环境保护等方面的法律规范和政策措施。

第二，建筑工程法律研究倾向于跨学科合作和综合研究。随着可持续发展和绿色建筑理念的深入发展，建筑工程法律研究需要与环境科学、工程技术、社会学等相关学科进行交叉融合，共同探讨建筑工程活动在可持续发展和环境保护方面的法律问题和解决途径。跨学科合作有助于深入理解建筑工程活动的复杂性和多样性，为法律研究提供更加全面和深入的视角。

第三，建筑工程法律研究趋向于强调实践与政策的结合。在可持续发展和绿色建筑领域，实践经验和政策措施的研究和总结具有重要意义。建筑工程法律研究需要结合实际建筑工程案例和政府政策，分析建筑工程法律规范和政策措施在实际应用中的效果和影响，为法律法规的制定和实施提供理论和实践支持。

第四，建筑工程法律研究趋向于强调国际合作和经验交流。可持续发展和绿色建筑是全球性的问题，各国都在探索和实践相应的法律框架和政策措施。建筑工程法律研究需要加强国际合作和经验交流，学习借鉴其他国家和地区的经验和做法，共同应对全球建筑工程领域面临的挑战和问题。

第五，建筑工程法律研究的发展趋势是向可持续发展和绿色建筑领域拓宽，倡导跨学科合作和综合研究，强调实践与政策的结合，以及加强国际合作和经验交流。这些趋势将促进建筑工程法律研究的深入发展，推动建筑工程行业朝着更加可持续、环保和社会责任的方向发展。

(二) 技术创新与法律法规的调整

技术创新与法律法规的调整在建筑工程法律研究中扮演着重要的角色。随着科技的不断发展和社会的进步，建筑工程领域也面临着新的挑战和机遇。技术创新不仅推动了建筑工程的发展，也对现有的法律法规提出了新的要求和挑战。建筑工程法律研究的发展趋势在于不断适应技术创新的需求，完善法律法规，保障建筑工程的安全、质量和可持续发展。

建筑工程法律研究趋势之一是加强对新技术的法律规范和监管。随着信息技术、智能化技术、节能环保技术等新技术在建筑工程中的应用，对相关法律法规提出了新的挑战。建筑工程法律研究需要及时跟进新技术的发展，制定相应的法律规范和标准，加强对新技术的监管和指导，确保其安全、可靠和可持续应用。

建筑工程法律研究趋势在于加强对建筑工程质量和安全的监管。建筑工程质量和安全是关乎人民生命财产安全的重要问题，也是建筑工程法律研究的核心内容之一。随着建筑工程的复杂性和规模的增加，对建筑工程质量和安全的要求也越来越高。建筑工程法律研究需要加强对建筑工程质量和安全的监管制度建设，完善相关法律法规，加强对建筑工程质量和安全的监督和检查，确保建筑工程的安全和质量。

建筑工程法律研究趋势在于加强对建筑工程的可持续发展的法律保障。可持续发展是当今建筑工程领域面临的重要挑战和任务之一。建筑工程法律研究需要关注建筑工程的环境影响、资源利用、节能减排等方面的问题，制定相应的法律法规和政策措施，推动建筑工程向着可持续发展的方向发展，保护生态环境和人类健康。

建筑工程法律研究趋势还在于加强国际合作与交流。建筑工程是国际性的活动，各国之间需要加强合作，共同应对建筑工程领域面临的各种挑战和问题。学习借鉴国际先进经验和做法，共同探讨解决建筑工程领域的法律问题，推动建筑工程法律研究向国际化、专业化和规范化方向发展。

建筑工程法律研究的发展趋势是与技术创新和社会发展相适应的。需要不断加强对新技术的法律规范和监管，加强对建筑工程质量和安全的监管，推动建筑工程向可持续发展的方向发展，加强国际合作与交流，共同促进建筑工程法律研究的发展，为建筑工程领域的安全、质量和可持续发展提供法律保障和支持。

第八章　建筑工程纠纷案件处理

第一节　建筑工程纠纷的常见原因和类型

一、建筑工程纠纷的常见原因

(一) 合同解释与履行问题

1. 合同条款的模糊性与歧义

建筑工程纠纷的常见原因之一是合同条款的模糊性与歧义。合同作为建筑工程的法律依据，其条款的清晰与否直接关系到合同双方在工程实施过程中的权利义务关系。合同文本往往过于烦琐和技术性强，导致其中存在模糊不清的表述和歧义的问题，从而成为引发纠纷的潜在源头。

合同条款模糊性可能来源于业务术语和法律术语的混淆。既有具体的建筑业务术语，又涉及法律术语，而这两者在表述上存在一定的差异。如果合同中对这些术语的定义不明确，容易导致双方对合同内容的理解产生歧义，从而引发争议[①]。

时间和进度安排的模糊性也是常见问题。合同中对于工程的时间节点和进度安排通常都会有相应的规定，由于工程涉及众多不确定因素，如果合同中对于这些因素的考虑不够周全，就容易导致对时间和进度的理解存在模糊性。这会给工程实施过程中的协调和监督带来一系列问题，最终演变成纠纷的根源。

变更管理的不明确也是造成合同歧义的原因之一。变更是不可避免的，而合同中关于变更的处理方式和程序如果表述不清晰，容易导致双方对于变更管理的理解存在歧义。这不仅会增加工程实施的不确定性，还可能导致双方因为变更问题产生争执。

① 喻中. 论中国法学版图的变迁 [J]. 中国高校社会科学，2023(6)：23-49，153-154.

合同价款和支付方式的不明确也是常见的问题。建筑工程合同中对于价款和支付方式的规定如果表述模糊，容易导致双方在工程实施中产生理解上的分歧。这种模糊性可能涉及工程款项的计算、支付的时间节点等方面，给工程的正常推进带来困扰，最终成为纠纷的诱因。

合同条款的模糊性与歧义是建筑工程纠纷的常见原因之一。这种模糊性可能来自业务术语和法律术语的混淆，也可能涉及时间和进度安排、变更管理、价款和支付方式等方面。在合同的起草和执行过程中，双方应当注重对合同条款的明确表述，以避免在工程实施过程中因为对合同内容的理解存在歧义而引发纠纷。

2. 合同履行过程中的分歧与争议

在建筑工程的合同履行过程中，分歧与争议是常见的现象，往往源于多方面的原因。设计方面的分歧可能出现在方案的理解与实际施工之间的差异，导致施工过程中的问题与纠纷。合同条款的不明确或解释存在歧义，可能导致双方在履行合同过程中产生分歧。工程变更、延期或质量问题也常常成为引发争议的原因。资金支付、履约保证金以及违约责任的问题也可能引发建筑工程纠纷，特别是在合同履行的后期。

设计方面的分歧通常涉及方案设计与实际施工的不一致。设计师可能未能准确理解施工现场的实际情况，导致设计方案在实际施工中难以执行。这可能包括设计图纸的不足或不明确，给施工方带来实际工作难度。设计方案的误差可能导致工程进度延误，增加额外费用，因而成为引发分歧与争议的主要原因之一。

合同条款不明确或解释存在歧义是另一个可能导致分歧的原因。合同是建筑工程中双方之间权责关系的法律框架，如果合同条款存在歧义或不明确，很容易在履行过程中引发争议。例如，对于工程变更的费用如何计算，或者对于工程质量的具体标准如何定义，如果合同中未能清晰规定，就容易在实际履行过程中引发分歧。

工程变更、延期或质量问题也是常见的引发纠纷的原因。在建筑工程进行的过程中，由于许多原因可能需要对工程进行变更，或者由于施工进度受到影响而延期。这些变更可能导致费用的增加，也可能引起承包商和业主之间的争端。工程质量问题也可能成为引发纠纷的原因，特别是在工程交付后，如果出现质量问题，往往会导致争议的发生。

涉及资金支付、履约保证金以及违约责任的问题也可能引发建筑工程纠纷。由于工程资金的支付是建筑工程中的一个敏感问题，支付的进度和方式可能会引起争端。如果一方未能按照合同的约定履行其责任，可能导致违约责任的问题，引发纠纷。

在建合同履行过程中分歧与争议是难以避免的。这些纠纷的根本原因可能包括设计方案的不一致、合同条款的不明确、工程变更、延期或质量问题，以及资金支付、履约保证金以及违约责任的问题。在合同签订前，各方应当尽可能明确合同条款，规避可能引发纠纷的问题，以确保合同履行过程中的顺利进行。

(二) 工程设计与规划纠纷

工程设计与规划纠纷常见于建筑工程的实施过程中。这类纠纷的根本原因在于不同利益主体之间对于设计与规划方面的期望和理解存在分歧。建筑业主希望设计与规划能够实现其商业或居住需求，满足投资回报的预期；设计师和规划者则需要在法规、技术标准和审美等多重考量下，完成符合预期的设计与规划。

建筑工程设计纠纷的一个主要原因在于设计目标的不明确。在项目启动初期，业主和设计师之间对于设计目标和期望可能存在模糊不清的情况。业主可能希望设计能够在经济上更加划算，而设计师可能更注重项目的创新性和艺术性。这种不明确的设计目标往往导致在后期实施过程中产生分歧，从而引发设计方面的纠纷。

建筑工程规划纠纷的常见原因之一在于规划方案的变更。由于环境、法规或业主需求的变化，可能需要对原有规划进行调整。这种变更可能引起各方的不满，尤其是在一些变更带来额外费用或时间延误的情况下，业主和规划者之间可能发生纠纷。规划的复杂性和多变性也增加了纠纷的可能性。

建筑工程纠纷的一个普遍原因是设计与规划文件的不完备。有时候，设计师可能因为时间压力或其他原因，提交的设计文件存在遗漏或错误。这可能导致施工过程中的误解和混乱，增加了工程实施中的风险。在规划方面，不完备的规划文件可能导致后期实施中出现不可预测的问题，进而引发规划纠纷。

建筑工程中的纠纷还可能源于各方在设计与规划过程中的沟通不畅。设计师、规划者、业主等各方需要在整个项目周期中保持密切的沟通与协作。缺乏有效的沟通可能导致设计理念和规划意图的误解，从而在实施过程中引发纠纷。沟通不畅还可能导致信息传递不及时，进而产生误解和决策不一致的问题。

建筑工程设计与规划纠纷的常见原因主要源于设计目标的不明确、规划方案的变更、设计与规划文件的不完备以及各方在设计与规划过程中的沟通不畅。这些问题的存在增加了建筑工程实施过程中发生纠纷的可能性，因此在项目启动初期，各方应当共同明确设计目标，保持沟通畅通，并在设计与规划文件的编制上严格把关，以降低纠纷的风险。

二、建筑工程纠纷的常见类型

(一) 合同纠纷

建筑工程中的合同纠纷是一种常见而复杂的问题，涉及多个方面的权益和责任。建筑工程常见的纠纷类型主要包括支付纠纷、工程质量纠纷、工期纠纷以及变更和索赔纠纷。

支付纠纷是建筑工程合同中最为普遍的一种问题。这类纠纷通常涉及工程款项的支付时间、支付方式以及支付数额等方面的争议。业主和承包商之间对于工程进度、完工质量以及支付节点的认知可能存在分歧，导致支付纠纷的发生。未经合理协商一致的变更和附加工作也可能成为支付纠纷的导火索。

工程质量纠纷涉及建筑工程的实际质量与合同规定的标准之间的差异。建筑工程中，可能因为施工过程中的瑕疵、使用的材料不符合规范、设计缺陷等原因，引发工程质量方面的争议。业主和承包商在工程质量上的期望和要求可能存在差异，从而引发纠纷。

工期纠纷主要涉及工程完成的时间。业主通常期望工程在合同规定的时间内完成，而承包商可能受到天气、人力、材料供应等多种因素的影响，导致工程进度滞后。工程延期可能带来一系列问题，例如，额外的成本、业主的利益损失以及项目整体的不稳定性。

变更和索赔纠纷通常由于工程合同中未明确规定的额外工作、设计变更或者未预见的风险而引发。承包商可能要求对工程进行额外的工作，而业主则可能会对这些额外工作提出索赔，因为这些变更可能带来额外的费用和时间成本。这类纠纷通常涉及合同条款的解释和执行，以及对变更和索赔的认定和计算。

建筑工程合同纠纷是一种常见而严重的问题，需要在合同签订的早期明确双方的权利和责任，以避免后期的争端。合同的明确性和严谨性可以在很大程度上降低纠纷的发生概率，及时妥善解决已经发生的合同纠纷也是确保建筑工程顺利进行的关键。

(二) 设计纠纷

建筑工程中常见的纠纷类型之一是设计纠纷。设计纠纷是指在建筑工程的规划、设计和施工过程中，因设计方案存在缺陷、不符合实际需求或者涉及版权等问题而引发的争议。设计纠纷可能涉及多个方面，包括设计方案的技术性、经济性、审美性等方面的问题。

技术性方面的设计纠纷是常见的类型之一。如果设计方案中存在技术性缺陷，可能导致工程实施过程中出现问题，甚至影响到工程的安全性和可靠性。技术性的设计纠纷可能包括结构设计、材料选用、施工工艺等方面的问题，需要通过专业的技术评估和验证来解决。

经济性方面的设计纠纷也是常见的问题。设计方案的成本估算和预算编制是一个关键环节。如果设计方案中的经济性考虑不足，可能导致工程实施过程中出现资金不足、超支等问题。这种类型的设计纠纷需要通过详细的成本分析和经济核算来解决，确保设计方案的经济可行性。

审美性方面的设计纠纷也时有发生。设计方案的审美性往往是一个主观评价的问题。如果业主对设计方案的审美要求与设计师的理念不符，可能引发纠纷。审美性的设计纠纷需要通过充分的沟通和协商来解决，找到双方都能接受的设计方案。

版权问题也是设计纠纷中的一个重要方面。设计方案涉及建筑师的智力劳动成果，因此在设计阶段就需要明确设计方案的版权归属和使用权限。

如果在工程实施过程中出现设计方案的非法复制、修改或使用问题，可能引发版权纠纷。解决这种类型的设计纠纷需要依法明确版权归属，对侵权行为采取法律手段进行维权。

设计纠纷是建筑工程中常见的纠纷类型之一，涉及技术性、经济性、审美性和版权等多个方面的问题。解决设计纠纷需要建立有效的沟通机制，充分理解各方的需求和利益，通过专业的技术评估和法律手段来解决争议，确保设计方案的科学性、经济性和合法性。

第二节　建筑工程纠纷的解决途径和争议仲裁

一、建筑工程纠纷的解决途径

(一) 法律诉讼

建筑工程纠纷的解决途径主要包括法律诉讼。在法律诉讼的过程中，各方将通过法院系统解决争端，通过诉讼程序来确立权利和义务，达成对纠纷的裁决。法律诉讼是建筑工程纠纷解决的一种形式，透过司法程序，实现公正公平，最终为建筑工程纠纷提供法律解决的决策机制。

法律诉讼的过程通常始于一方向法院提起诉讼，申请裁决纠纷。在纠纷解决的初期，法院将审查双方提出的事实和证据，确保案件符合法定条件。然后，法院将制定并公告庭审程序，通知各方参与庭审，进行口头辩论，澄清纠纷的争议点。在庭审过程中，法官将详细审查各方提供的证据，听取双方的陈述和辩护，以全面了解纠纷的实质。

法律诉讼的关键阶段是判决。法官将根据法律法规和双方提供的证据，作出对案件的裁决。判决可能涉及赔偿、合同履行、违约责任等多方面内容，旨在为纠纷提供具体、明确的解决方案。法院的判决具有法律效力，各方需要遵循并执行。

法律诉讼也存在一些缺点[①]。首先，法律诉讼过程通常较为烦琐和耗时，

---

① 莫纪宏．“法学学”视野下中国法学“三大体系”构建的方法论路径 [J]. 法制与社会发展，2023，29(6)：20-35.

可能导致长时间的官司纠纷。其次，法院的判决并不一定能够满足各方的期望，因为法官的判决可能无法考虑到纠纷的所有方面。此外，法律诉讼涉及高昂的诉讼费用，对于一些当事人而言，可能难以承受。

除了法律诉讼，建筑工程纠纷的解决途径还包括调解和仲裁。调解是由第三方调解员协助双方协商解决争端，强调协商和和解，可以更快速、灵活地解决问题。仲裁则是通过专业的仲裁机构，由仲裁员进行公正、独立的裁决。相比于法律诉讼，调解和仲裁通常更为迅速、经济。

法律诉讼是一种在建筑工程纠纷解决中常见的途径。尽管它具有法定效力和能够提供明确的裁决，但其烦琐、耗时和高费用等缺点也不能忽视。在选择建筑工程纠纷解决途径时，各方需要根据具体情况权衡利弊，选择最为适合的方式，以便达到快速、公正和经济的纠纷解决效果。

1. 法院诉讼程序

建筑工程纠纷的解决途径主要分为两种：一种是通过法院诉讼程序解决，另一种是采用非诉讼方式进行解决。法院诉讼程序是在建筑工程双方无法通过协商达成一致的情况下，通过司法机关介入，采用法定程序解决争议的途径。

在法院诉讼程序中，首先需要提起诉讼，即由一方向法院提交起诉状，陈述纠纷的事实、理由和请求。法院将根据双方提供的证据和陈述，审理案件，并作出判决。在建筑工程纠纷中，诉讼程序的主要步骤包括立案、举证、辩论、调解和判决。这一系列程序旨在通过法律手段解决争议，维护建筑工程参与方的权益。

法院诉讼程序的优势在于其具有强制性和权威性。法院的判决是具有法律效力的，一旦判决生效，各方必须履行判决结果。法院作为独立、中立的第三方机构，能够公正地审理案件。法院的判决通常比较明确，能够为建筑工程纠纷提供明确的解决方案，有利于争议的迅速解决。

法院诉讼程序也存在一些不足。诉讼程序的周期相对较长，耗时费力。建筑工程是一个时间敏感性较强的行业，长时间的诉讼程序可能会影响工程的进度和成本。法院诉讼过程的费用较高，包括律师费、法院费用等，这对参与方经济实力提出了一定要求。法院的判决可能无法满足双方的实际需求，因为法官对具体工程技术和商业细节的理解可能存在一定的局限性。

除了法院诉讼程序外，建筑工程纠纷还可以通过非诉讼方式进行解决。非诉讼方式主要包括协商、调解、仲裁等。协商是指双方直接进行谈判，通过友好协商达成一致。调解是指由第三方调解员协助双方进行谈判，促使双方达成和解协议。仲裁是指由仲裁机构或仲裁员根据法定程序，对纠纷进行仲裁，仲裁裁决具有法律效力。

非诉讼方式的优势在于其灵活性和高效性。相比于法院诉讼程序，非诉讼方式通常可以更快速地解决争议，降低争议解决的时间成本。协商和调解的方式更注重双方的合作，通过共同努力达成双赢的结果。仲裁作为一种中庭的方式，也能够提供相对独立、专业的裁决。

非诉讼方式也存在一些限制。协商和调解需要双方都愿意积极参与，如果一方不愿意合作，非诉讼方式可能无法有效进行。仲裁虽然相对于法院诉讼程序较为迅速，但仍然需要一定的时间。非诉讼方式的裁决结果虽然有法律效力，但在一定程度上可能不如法院的判决明确和权威。

建筑工程纠纷的解决途径多种多样，法院诉讼程序和非诉讼方式各有其优势和不足。

2. 诉讼的利与弊

诉讼作为一种解决途径，既有其利，也存在一系列弊端。诉讼的利与弊影响着纠纷解决的效果和整个建筑工程项目的进行。

诉讼的利在于能够为各方提供一个明确的法律裁决，通过法院对纠纷进行裁决，有助于确保权利的公正保护。诉讼作为一种正规的法律程序，强调法治原则，能够为当事人提供明确的法律依据，维护各方的合法权益。通过诉讼解决纠纷，可以促使各方严格遵守合同条款和法规要求，有利于建筑工程的合规进行。

诉讼也存在一系列弊端。诉讼程序通常比较冗长烦琐，需要耗费大量的时间和金钱。纠纷的解决会经历繁重的法律程序，这可能导致建筑工程项目的延期和成本的增加。诉讼程序可能对各方的合作关系产生不良影响，由于法律程序的对抗性质，可能导致当事人之间的关系变得紧张，甚至破裂。这对于一个建筑工程项目的顺利进行是不利的。

诉讼的结果并不总是符合各方的期望，法院的判决可能对任何一方都不完全公平。法官的判断受到法律规定和证据呈现的限制，可能无法全面考虑到各种情况。诉讼结果有时难以满足各方的实际需求，可能导致任何一方都感到不满意。

在解决建筑工程纠纷时，除了诉讼外，还有其他一些途径，如调解和仲裁。调解作为一种协商解决纠纷的方式，强调各方共同达成一致，有助于保持合作关系。仲裁则相对于诉讼更为迅速，可以通过专业仲裁员的裁决快速解决争端，减少时间和成本的浪费。

调解和仲裁也有其自身的限制。调解依赖各方的自愿和诚意，如果有一方不愿意妥协，调解可能无法达成有效结果。仲裁虽然相对迅速，但其结果也可能让一方不满，仲裁员的判决同样受到一定的法律和证据限制。

建筑工程纠纷的解决途径需要根据具体情况综合考虑。诉讼能够为各方提供明确的法律裁决，但也存在时间和成本较高、关系恶化等弊端。调解和仲裁则更加注重各方的协商和妥协，有助于快速解决争端，但也存在可能达不成一致和一方不满的风险。各种解决途径可以结合运用，以达到最为合适和有效的纠纷解决效果。

(二) 协商调解

建筑工程纠纷的解决途径主要包括协商和调解两个方面。协商是一种通过双方自愿达成一致意见的方式解决争端的方法，而调解则是通过中立的第三方介入，协助双方达成和解的过程。这两种途径都在一定程度上强调解决问题的灵活性和合作性，为建筑工程纠纷的解决提供了可行的手段。

协商是一种基于平等、自愿和互惠原则的解决途径。各方通过直接对话、交流意见以及共同探讨问题的方式。协商的特点在于强调合作，允许双方通过互谅互让的方式解决争端，从而维护双方的合法权益。协商的过程不仅有助于建立双方的信任关系，还能够更快速、灵活地解决问题，避免争端的进一步升级。

调解是一种通过第三方调解员介入争端解决过程的方法。调解员作为中立的角色，致力于促成双方达成可行的解决方案。调解的优势在于能够借助第三方的客观性和专业性，迅速了解争端的核心问题，并提供中肯的建议。调解员通过引导双方对话、梳理矛盾关系，帮助双方在争端中找到共同的利益点，推动达成协议。调解的过程通常注重保密性，有助于双方在一个相对私密的环境中坦诚相待，更容易达成妥协。

在建筑工程纠纷的解决中，协商和调解通常是首选的方法。这是因为这两种方式更符合建筑工程项目的实际情况，能够快速响应问题，避免耗费大量的时间和金钱。协商和调解的过程中，双方更容易保持合作的关系，有助于维护长期的合作伙伴关系。

协商和调解并非适用于所有纠纷情况。在一些特殊情况下，如果协商和调解无法达成一致，仍需考虑其他解决途径，如仲裁或法律诉讼。仲裁是一种半法定的解决途径，由专业的仲裁庭裁决争端。法律诉讼则是通过法院审理，由法官作出判决。这两种方式在一些复杂和争议较大的建筑工程纠纷中，可能是必要的手段。

建筑工程纠纷的解决途径需根据具体情况灵活选择。协商和调解是灵活、高效的方法，能够在尊重双方意愿的同时有效解决问题，为建筑工程的顺利进行提供了有力的支持。

二、争议仲裁

（一）仲裁程序的开启和进行

争议仲裁作为一种替代性纠纷解决机制，在建筑工程领域得到了广泛应用。仲裁程序的开启和进行是确保纠纷得到及时、公正解决的重要环节。在仲裁程序中，各方当事人需要遵循一系列规定，包括起诉的条件、证据提交和听证等环节，以确保仲裁过程的顺利进行。

仲裁程序的开启通常始于一方当事人向仲裁机构提起仲裁申请。申请中需要明确纠纷的事实、争议的主张以及请求仲裁机构给予的具体救济措施。仲裁的立案条件通常包括事实争议、合同关系和仲裁协议等基本要素。申请一旦被仲裁机构受理，便正式启动了仲裁程序。

仲裁程序的进行涉及双方当事人的材料准备和证据提交。各方当事人需要按照规定的时间和程序提交书面陈述、证据清单等材料，以支持各自的主张。这一过程要求各方充分准备，确保材料的充实和证据的真实性，以提高仲裁机构对争议的审理效果。

接着，仲裁程序的重要环节是证据的审查和听证。仲裁机构会对各方提交的证据进行审查，并根据需要进行听证，以进一步了解争议的事实和各方的主张。听证是仲裁过程中的关键环节，各方当事人在此阶段可以通过陈述和质证等方式表达自己的观点，仲裁庭则负责对证据的真实性和可信度进行评估。

仲裁庭可能还会要求各方进行调解和和解。调解是一种在仲裁程序中寻求双方和解的方式，有助于缩短争议解决的时间，并降低解决成本。如果调解不成功，仲裁庭将继续进行案件的审理和裁决。

仲裁程序的终结是通过仲裁庭的裁决来完成的。仲裁庭会在审理完所有事实和证据后，依法作出裁决。裁决是仲裁程序的最终结果，具有强制执行的效力。双方当事人在裁决作出后需要履行裁决，以实现纠纷的终结。

争议仲裁作为一种高效、灵活的纠纷解决机制，对于建筑工程领域的纠纷处理起到了积极的作用。仲裁程序的开启和进行是一个有序的流程，各方当事人需要按照规定履行程序，确保仲裁过程的公正和合法。建筑工程纠纷可以得到及时解决，有助于保障各方当事人的权益，推动工程项目的顺利进行。

(二) 对裁决的执行和申诉

裁决的执行和申诉是争议仲裁过程中两个至关重要的环节。裁决的执行是确保仲裁结果得以实施的关键步骤。申诉则是在争议各方对仲裁结果不满时，提出异议的途径。这两个环节直接关系到仲裁制度的公信力和有效性。

在争议仲裁中，裁决的执行是整个仲裁过程的重要环节。一旦仲裁员作出裁决，争议的一方有责任履行裁决结果。裁决的执行涉及各种手续，包括裁决书的送达、仲裁费用的支付等。执行的程序和标准通常依循相关法律法规和仲裁协议的规定。仲裁裁决的执行过程，旨在保障仲裁结果的实质落地，确保争议的各方能够按照裁决履行其义务。

裁决的执行过程中可能会面临一些挑战，其中一个主要问题是如何执行裁决结果。由于仲裁裁决通常不具备法院的直接强制力，执行的过程中可能需要通过司法程序实现。一方拒绝履行裁决可能导致执行难题，这时候仲裁制度需要协同法院等司法机构，采取必要的措施来促使裁决得以执行。

申诉是争议仲裁中的一种重要制度。当一方对仲裁结果不满时，可以通过合法途径提出申诉。申诉的程序和标准也通常受到法律法规和仲裁协议的约束。申诉的存在，为争议各方提供了一种对仲裁结果进行复核的机制，有助于保障仲裁裁决的公正性和合理性。

申诉的机制在很大程度上减缓了可能因裁决结果引发的不满情绪。通过提供申诉途径，争议各方有机会重新审视案情、论证立场，增加了整个仲裁过程的透明度和可信度。申诉的存在也强调了仲裁制度的独立性和客观性，有助于防范潜在的不当裁决和维护仲裁制度的公信力。

滥用申诉权可能会对仲裁制度的效率和公信力造成一定的影响。在制定申诉规定时，需要平衡争议各方的权益，确保申诉制度的公正性和合理性。对于明显滥用申诉权的情况，可能需要考虑是否对其采取一定的法律制裁措施。

裁决的执行和申诉是争议仲裁过程中不可或缺的两个环节。裁决的执行是确保仲裁结果得以实施的保障，而申诉则是为了在争议各方存在异议时提供公正复核的机制。这两个环节共同构成了仲裁制度的完整性和有效性，为建设和谐、公正的争议解决机制提供了有力支持。

第三节　建筑工程纠纷案件处理的法律程序

一、建筑工程纠纷案件处理的基本程序

(一) 立案与起诉

建筑工程纠纷案件的法律程序通常始于立案与起诉阶段。立案是指将纠纷案件提交给法院，由法院受理并登记，成为正式的法律程序。起诉则是指当事人通过起诉状向法院提出具体的法律请求，表达对于纠纷的主张。这一过程是建筑工程纠纷解决的起点，也是法律程序的第一步。

在建筑工程纠纷案件中，立案通常需要满足一定的法定条件。当事人必须确定其具有诉讼权利，即在法律上拥有起诉的资格。案件必须符合法

律规定的管辖条件，即法院有权审理该案[①]。案件必须符合法定的起诉时效，即在法定的时限内提起诉讼。只有当这些条件得到满足，法院才会正式受理案件，进行立案登记。

起诉阶段是建筑工程纠纷解决的具体表现。当事人通过律师向法院提交起诉状，明确纠纷的事实、请求法院给予的救济措施以及相关证据。起诉状中的内容应该充分具体，以便法院能够准确了解当事人的主张和诉求。当事人还需要交纳一定的诉讼费用，作为提起诉讼的必备条件。

法院在受理案件后，将组成法庭进行审理。审理过程中，法庭将依法对当事人的起诉进行调查核实，了解案件的事实、争议点和法律问题。法庭有权要求当事人提供证据，进行质证和辩论，以确保审理的公正和客观。

在审理过程中，法庭还可能通过调解等方式尝试解决纠纷。调解是一种通过协商达成和解的方式，旨在降低纠纷解决的成本和时间。如果调解成功，当事人可以达成和解协议，结束法律程序。法庭将继续审理案件，最终作出判决。

法院将依法做出判决书，对纠纷案件做出明确的法律决定。判决书是法院对案件的最终结论，对双方当事人都具有强制执行的效力。双方当事人有义务遵守判决书，履行法院的裁决。判决书的做出标志着建筑工程纠纷案件的法律程序的结束，但不排除一方或双方当事人对判决不满而提起上诉的可能性。

建筑工程纠纷案件的法律程序经历了立案与起诉、审理、调解和判决等多个环节。这一程序是建筑工程纠纷解决的法律途径，通过法律程序，各方当事人可以在法院的公正审判下得到权益的维护。

（二）诉讼调解

建筑工程纠纷案件在法律程序中常常采用诉讼调解的方式进行解决。在这一法律程序中，争议各方通过司法机关的介入，通过调解达成协议解决争端。这一过程旨在通过合法程序解决建筑工程中的纠纷，保障各方的权益，提高纠纷解决的效率。

---

① 本刊编辑部．守正创新，担当作为为构建中国自主的法学知识体系而不懈努力——纪念《河北法学》创刊四十周年 [J]．河北法学，2023，41(12)：195-196.

诉讼调解的法律程序一般由以下几个步骤构成。一方向法院提起诉讼，提交起诉状，说明争议的事实、理由和请求。法院会受理案件，并通知对方进行答辩。接着，法院会组织庭前调解，通过调解员的协助，促使争议各方进行对话，寻求解决方案。如果在庭前调解中达成调解协议，法院将裁定调解协议生效，终结案件。如果未能在庭前调解中解决争端，案件将进入实质审理阶段，法院将依法审理案件，并最终作出判决。

诉讼调解的程序具有一些特殊性。法院会根据建筑工程的特殊性，委派专业的调解员参与调解。这些调解员通常具备建筑领域的专业知识，能够更好地理解和解决建筑工程中的技术性问题。在调解的过程中，法院会注重保护建筑工程的进度和质量，采取措施促使双方达成一致，以尽快解决争端，确保工程的正常进行。法院在调解过程中也会强调各方的合作，鼓励双方通过调解协议解决争端，增加协作共赢的机会。

在诉讼调解的法律程序中，调解协议是关键的产物。调解协议是争议各方在调解过程中达成的一种协议，明确双方的权利、义务和解决方案。法院会对调解协议进行审核，确保协议的内容合法、合理，并没有违反法律法规的规定。一旦调解协议生效，法院将终结案件，实现了通过协商解决纠纷的目标。

诉讼调解的法律程序也存在一些问题。调解协议的达成依赖各方的积极配合，如果一方不愿意参与调解或者不愿意妥协，可能导致调解失败，案件仍需进入实质审理阶段。调解的结果可能不如法院判决那样明确和具有法定效力，一些争议可能在调解协议中留下隐患。法院在调解过程中的介入也可能加大纠纷解决的时间成本，相比于纯粹的调解机构，法院的程序可能显得相对烦琐。

诉讼调解作为一种建筑工程纠纷案件的法律程序，是在法院的监督下进行的一种调解方式。这一程序通过司法机关的介入，注重专业性的调解员，强调合作共赢，促使双方通过协商解决争端。调解协议是整个法律程序的关键产物，经过法院审核后，能够在一定程度上提高争端解决的效率和公正性。该程序也存在一些问题，需要在实践中进行不断优化，以更好地服务建筑工程纠纷的解决。

二、建筑工程纠纷案件的上诉与执行程序

(一) 判决不满时的上诉途径

建筑工程纠纷案件中，一旦有一方对于法院的判决不满，可以选择通过上诉途径来寻求二审审判。上诉是一种合法的救济机制，为当事人提供了重新审理和裁决的机会。上诉程序与执行程序是法律体系中的两个关键环节，影响着案件的最终解决和裁判的实际效力。

上诉程序的开启通常需满足一定的法定条件，如在规定的上诉期限内向上一级法院递交上诉状。在建筑工程的纠纷案件中，不满判决的一方通过上诉寻求重新审理的主要动机可能是认为法院在法律适用或事实认定上存在错误，或者对判决结果有争议。上诉程序的存在有助于确保当事人对案件的合法权益得到公正维护，为法律体系的完善提供了一种反馈机制。

上诉程序的进行通常需要法院重新审查案件的事实和法律适用，各方有权提供新的证据和辩护意见。上诉程序并非简单的重复审判，而是对原审法院判决的独立审查，法院在审理上诉案件时可以对争议问题进行更深入的探讨，以确保公正审理。

上诉也存在一些弊端。上诉过程可能增加案件的时间和成本，因为重新审理需要耗费额外的资源。上诉过程也可能对当事人之间的合作关系产生负面影响，特别是在一方败诉后选择上诉，可能加剧双方的对立。如果上诉的法院判决仍然不满意，案件可能进一步诉诸更高级别的法院，形成连锁上诉，导致案件长时间未决。

在法院作出最终判决后，建筑工程纠纷案件的执行程序即开始。执行程序旨在保障法院判决的实际效力，确保当事人按照判决履行相应的义务。执行程序可能包括查封、扣押、拍卖等一系列强制执行措施，以迫使败诉方履行判决。执行程序的有效进行有助于维护司法权威，保障合法权益得到实际保障。

执行程序也面临一系列问题。其中之一是可能存在的执行难题，即便判决有利于胜诉方，但在实际执行过程中败诉方可能拖延或逃避执行，导致判决难以实现。执行程序本身也需要耗费时间和资源，可能成为案件解决的

又一阻碍。

建筑工程纠纷案件中的上诉与执行程序是法律体系中至关重要的环节。上诉提供了当事人对不满判决的救济机制，有助于确保案件的公正审理。上诉也可能增加时间和成本，并对合作关系产生不良影响。执行程序则旨在保障判决的实际效力，但也可能面临执行难等问题。在建筑工程纠纷解决过程中，各方需要谨慎权衡上诉与执行的利弊，以选择最为合适的法律途径。

(二)强制执行的法律要求与程序

如果一方不履行法律判决或裁决，另一方可以通过强制执行程序来实现其合法权益。法律对强制执行提出了明确的要求与程序。在进行上诉与执行时，当事人需要遵循一系列步骤，确保法律的公正执行。

强制执行的法律要求主要包括对判决或裁决的强制性执行，即将法院的决定转化为实际行动。法院在判决或裁决中通常会明确执行的义务和期限，如果一方未履行，另一方可向法院申请强制执行。法院要求强制执行程序的实施，以确保裁决的有效执行。

建筑工程纠纷案件的上诉程序是在当事人对一审判决或裁决不满意的情况下提出的。上诉的程序主要包括递交上诉状、法院受理上诉、制订开庭计划、进行上诉庭审和法院裁决等步骤。在上诉过程中，当事人可以提交新的证据或者提出对一审判决的不同解释，以争取对己方有利的裁决。

在建筑工程纠纷案件的执行程序中，法院通常会先行通知被执行方履行判决或裁决。如果被执行方在通知期限内未履行，法院将采取一系列措施，如查封、扣押财产、拍卖财产等，强制执行裁决。法院还可以采取其他强制手段，如罚款、拘留等，对被执行方采取强制手段迫使其履行法律义务。

在强制执行的过程中，法院通常会委托执行法官或执行法院执行员进行具体的操作。这些执行人员有权对被执行方的财产进行查封、扣押等操作，并确保被执行方按照法院的判决或裁决进行履行。法院会定期对执行情况进行审查，确保强制执行程序的合法性和公正性。

建筑工程纠纷案件的上诉与执行程序是一个严密而复杂的过程。法律要求被执行方在一定期限内履行判决或裁决，否则将面临一系列强制执行的程序。执行过程中，法院对程序的执行进行监督，以确保纠纷的公正解决，为建筑工程领域的法律体系提供了有力的保障。

第四节　建筑工程纠纷案例分析和最佳实践

一、建筑工程纠纷案例分析

(一) 工程设计与规划纠纷

工程设计与规划纠纷是一种常见的法律纠纷形式。这类纠纷往往涉及设计方案的合理性、规划的有效性、技术要求的履行等多方面问题，给建筑工程的顺利进行带来了一系列挑战。建筑工程纠纷的根本原因在于各方在设计和规划过程中的理解与期望存在偏差，导致纷争的发生。工程设计与规划纠纷的解决需要依靠法律、技术和协商等多方面手段，以实现公正、合理、有效的结果。

在工程设计与规划纠纷中，需要关注的是各方在合同中对于设计与规划的约定。合同是各方之间权责关系的法律依据，其中包括设计标准、规划要求、技术规范等方面的约定[①]。因此，通过仔细审查合同，可以明确各方的权利和责任，为纠纷解决提供了法律依据。

在解决工程设计与规划纠纷时，技术专业性也是不可忽视的因素。各方往往因为对设计和规划技术要求的理解存在分歧而引发纠纷。此时，需要专业的技术评估与鉴定，以明确设计和规划是否符合相关技术标准和要求。技术专业性的介入有助于解决双方在技术层面的分歧，为纠纷的解决提供了科学的依据。

协商和调解是解决工程设计与规划纠纷的重要途径。通过各方的沟通与协商，可以找到互利共赢的解决方案。各方可以明确彼此的诉求，找到妥协点，达成共识。这种方式不仅能够减少诉讼的时间和成本，也有助于维护建筑工程项目的正常进行。

① 张胜前，何婧姝．法学教育中对法律逻辑的认识、推理与实践——评《法学理论：多维与整合》[J]. 教育理论与实践，2023，43(30)：65.

在法律程序方面，诉讼是一种解决工程设计与规划纠纷的手段。当协商无法达成一致，且合同中存在违约行为时，各方可以通过法院提起诉讼，通过法律的方式解决争端。诉讼程序需要充分搜集相关证据，明确违约责任，通过法院的裁决来解决争议。

工程设计与规划纠纷的解决需要综合运用法律手段、技术评估、协商和调解等多方面方法。通过合同的约定明确双方权责关系，技术专业性地介入解决技术层面的争议，协商和调解缓解双方矛盾，诉讼作为法律手段最终解决无法通过其他途径解决的争端。这种多元化的解决方式有助于更全面、有效地应对工程设计与规划纠纷，维护建筑工程的正常运行。

1. 设计变更引发的争议

建筑工程纠纷中，设计变更是一个常见而复杂的问题，经常成为引发争议的焦点。设计变更可能涉及合同条款、技术规范、时间进度等多个方面，因而容易引发当事人之间的分歧。通过对一起设计变更引发的建筑工程纠纷案例的分析，我们可以更深入地了解其中的问题和解决方式。

在该案例中，设计变更的核心争议源于合同中对于变更管理的不足和模糊表述。在工程实施过程中，由于项目需求变更、技术难题出现等原因，设计方案可能需要进行调整。合同对于如何提出变更、变更的审批程序、价格调整等方面的规定不够明确，给了双方当事人在解释合同条款上的空间。这种模糊性导致变更管理的混乱，引发了后续的争议。

设计方案的变更也导致工程进度的延误，进而引发工期赔偿的纠纷。由于设计变更的未及时审批和实施，工程进度受到了不可忽视的影响。工程进度往往被明确定义，并规定了违约责任和赔偿方式。双方在争议解决中对于工期赔偿问题产生了分歧，其中设计变更作为导致工期延误的主要原因成为纠纷的核心。

设计变更还引发工程成本的争议。在案例中，由于设计变更未能及时纳入合同进行价格调整，导致施工方的成本增加。而在合同中，对于价格调整和变更费用的计算方式没有明确规定，因此双方在成本分摊和支付方式上产生了分歧。设计变更的缺陷性和未及时的合同调整，成为纠纷的主要焦点。

案例中的争议也涉及设计方案的技术性问题。设计变更引发的纠纷不仅是合同层面的问题，更涉及设计方案的实际可行性和技术合理性。设计变更可能导致工程的结构、材料、施工工艺等方面的问题，而这些问题直接影响到工程的质量和安全。技术性的问题成为纠纷中需要专业评估和解决的难点。

设计变更引发的建筑工程纠纷案例揭示了合同管理、工程进度、工程成本和技术性问题等多个层面的挑战。在纠纷解决中，需要对合同条款进行精确解读，弥补合同的不足；要针对工程进度、工程成本和技术性问题进行详细的调查和评估，以找到双方当事人之间的妥协点，最终实现争议的解决。

2. 规划不当导致的设计责任争议

规划不当可能引发设计责任争议，这种争议往往涉及设计师在规划阶段的错误决策，导致工程实施中出现问题。通过分析具体案例，我们可以深入了解规划不当导致设计责任争议的根本原因和解决方案。

一例涉及住宅建筑的案例，规划不当导致的设计责任争议主要源于设计师对土地环境的不充分了解。设计师未充分考虑土壤条件，导致在建筑工程实施中出现了基础沉降问题。业主认为这是设计师未能充分了解场地情况和作出恰当规划的结果，因而提起了设计责任诉讼。设计师则辩称，在规划阶段无法完全预测土壤条件，且已按照行业标准进行了合理规划。此案例凸显了规划不当对建筑工程的潜在风险以及设计师在规划中面临的挑战。

另一案例涉及商业建筑，规划不当导致的设计责任争议主要围绕着建筑用途的规划不准确。设计师未充分了解业主的商业需求，导致建筑内部空间不适用于预定的商业用途，引起了业主的不满。业主主张设计师未能充分沟通、了解商业需求，设计师则辩称业主在规划过程中未提供充足信息。此案例凸显了在规划阶段不准确理解业主需求可能引发的设计责任争议，强调了充分沟通和了解业主期望的重要性。

以上案例表明，规划不当可能在建筑工程中引发设计责任争议的根本原因之一是信息不对称。设计师在规划中未能充分了解场地情况、土壤条件或业主的实际需求，导致设计方案与实际情况不符，最终引发争议。解决这类争议的关键在于规划阶段的信息获取和沟通。设计师应当在规划之初与业主充分沟通，确保对项目的整体了解。通过对土地环境、场地条件的详尽调查，规划阶段的决策能够更为准确地反映实际情况。

规划不当导致设计责任争议的案例也揭示了合同中责任划分的重要性。在合同中清晰规定设计师的责任范围、业主提供的信息和沟通义务，有助于在争议发生时确定责任方。合同作为规范双方权利义务的法律文件，对于规避和解决设计责任争议起到了关键的作用。

综合分析这些案例，规划不当导致的设计责任争议实际上是一个信息获取、沟通和责任划分的问题。设计师在规划阶段应当加强对项目的全面了解，确保与业主的沟通充分、明确，同时在合同中规定明确的责任划分，以降低纠纷发生的概率。通过对案例的深入分析，我们可以更好地理解规划不当对建筑工程纠纷的影响，并在实践中采取相应的措施，提高建筑工程的规划质量和纠纷解决的效率。

(二) 施工过程中的纠纷

建筑工程施工过程中的纠纷是一个复杂的问题，常常涉及多方利益关系，技术和合同执行等多个方面。以下通过对一个建筑工程纠纷案例的分析，来探讨其根本原因、涉及方面以及解决途径。

该案例涉及一家建筑公司和一个承包商之间的施工合同。在工程进行的过程中，由于设计变更、材料供应问题以及施工方案调整等，双方发生了一系列纠纷。其中，一个主要的争议点是施工过程中发现的设计变更导致工程进度的延误和额外费用的增加。

案例中的设计变更是导致纠纷的根本原因之一。建筑工程设计在施工前通常会经历多个阶段，包括初步设计、施工图设计等。在实际施工过程中，由于业主需求变更、法规要求变更等，设计往往需要调整。设计变更可能导致原先合同约定的工程进度和费用无法满足新的设计要求。

案例中的材料供应问题也是导致纠纷的一个重要方面。材料的质量和供应进度对工程的顺利进行至关重要。如果供应商未能按照合同要求及时提供符合质量标准的材料，可能导致施工延误和额外费用的发生。材料供应问题通常涉及合同中的交付期限和质量标准的具体约定，如果各方对于这些条款的理解存在分歧，就容易引发纠纷。

案例中的施工方案调整也是纠纷的原因之一。由于现场实际情况、安全要求等，可能需要对原先的施工方案进行调整。这些调整可能会导致工程进度的变更、成本的增加，从而引起各方之间的分歧和争端。

解决建筑工程施工过程中的纠纷通常需要综合考虑各方的权益，寻找共同的解决方案。一种解决途径是通过调解来协商解决纠纷。调解是一种灵活的纠纷解决方式，通过专业的调解员协助各方进行对话和协商。调解的优势在于可以保持各方的合作关系，降低纠纷解决的时间和成本。

另一种解决途径是通过仲裁进行纠纷解决。仲裁是一种非诉讼的争端解决方式，通过独立的仲裁员对争端进行公正裁决。仲裁程序相对较快，且相对于诉讼而言成本较低。各方可以选择专业的仲裁机构，由仲裁员根据相关法规和合同约定对纠纷进行裁决。

建筑工程施工过程中的纠纷案例常常涉及设计变更、材料供应问题和施工方案调整等多个方面。解决纠纷的关键在于各方的合作和沟通，通过调解和仲裁等方式，寻找公正、合理的解决方案，以确保建筑工程的顺利进行。

二、建筑工程纠纷的最佳实践

（一）预防性法律措施

采取预防性法律措施是最佳实践之一，旨在降低潜在的纠纷风险，促进建筑工程的顺利进行。这些预防性法律措施主要包括合同管理、风险评估、文件记录、定期培训等多个方面。

合同管理是建筑工程中预防纠纷的关键一环。通过明确、具体和可执行的合同条款，可以有效降低合同履行过程中的误解和歧义。合同中应明确各方的权利和义务、支付方式、工程质量标准、变更和索赔处理机制等方面的内容。合同的严谨性和清晰性有助于双方在工程实施中有一个共同的认知，减少潜在的分歧。

风险评估在建筑工程中具有重要作用。在项目开始之前，对可能出现的各类风险进行全面评估，有助于及时发现和解决潜在的问题。这包括了解工程的地理环境、相关法规、人力资源、材料供应等方面的风险。通过风险评估，可以采取相应的风险管理策略，从而最大限度地降低纠纷的发生概率。

文件记录是另一个关键的预防性法律措施。在建筑工程过程中，各方应当详细记录施工过程中的关键信息，包括工程变更、索赔请求、安全事故等。这些记录不仅有助于在后期解决争端时提供证据，还能够对工程的整体进展进行有效的跟踪和管理。合理的文件记录有助于保持透明度，降低信息不对称带来的纠纷风险。

定期培训也是建筑工程预防纠纷的重要手段。通过对项目团队成员、承包商、设计师等相关人员进行法律意识和合同管理方面的培训，可以提高各方对法律规定和合同条款的理解和遵守程度。培训有助于提升参与者的专业素养，减少因误解法规而引发的纠纷。

建筑工程纠纷的最佳实践还包括合理的冲突解决机制的建立，如争议解决条款的设立、第三方调解机构的引入等。这些机制有助于在争端出现时，以更加迅速、有效的方式解决问题，避免纠纷升级和法律程序的过度耗时。

建筑工程纠纷的最佳实践是通过合同管理、风险评估、文件记录、定期培训等多方面的措施，降低潜在纠纷风险，保障各方合法权益。这些预防性法律措施有助于构建良好的工程管理体系，为建筑工程的成功实施提供坚实的法律保障。

(二) 合同管理与仲裁条款

合同管理和仲裁条款是确保合同履行和纠纷解决的关键因素。最佳实践的建立涉及对合同的精准管理以及明确的仲裁条款的制定，从而有效降低合同纠纷的发生概率，提高工程的推进效率和顺利完成。

合同管理的最佳实践包括对合同文本的仔细审查与清晰的定义。在合同起草阶段，各方当事人需要对合同条款进行深入分析，确保合同文本的明晰度、准确性和完整性。特别是在涉及价格、工期、变更管理、质量标准等方面，要确保条款表述准确明了，避免模糊和歧义的产生。合同中相关责任的规定也应该考虑周全，降低后续争议的发生。

合同中应规定双方的沟通渠道、信息披露的要求以及决策的程序。通过建立及时、透明的沟通机制，可以避免信息不对称和误解的发生，提高合同履行的效率。合同管理团队的建立也是保障合同履行的重要环节，团队需要具备专业素养和高效的协同能力，以应对复杂的工程管理需求。

仲裁条款的最佳实践则需要在合同签订阶段就予以明确和具体规定。仲裁是一种替代性争议解决机制，其效率和灵活性使得其在建筑工程中广受青睐。在仲裁条款中，需要规定明确的仲裁机构、仲裁程序和适用的法律。选用专业、有信誉的仲裁机构是确保仲裁过程公正性的关键。仲裁程序的规定也应当充分考虑到争议的实质，合理设置证据提交、听证和调解等程序，确保仲裁的效果和合法性。

为了降低纠纷发生的可能性，仲裁条款还应充分考虑到合同履行过程中可能涉及的问题。变更管理、工程索赔和合同解除等方面的规定都应纳入仲裁条款的范围，以确保仲裁机构在争议解决中具有综合性的审理权力。仲裁庭的组成、仲裁员的选任和费用分担等问题也需要在仲裁条款中有明确的规定，以减少后续争议的产生。

最佳实践的合同管理和仲裁条款制定是保障合同履行和有效解决纠纷的关键。通过精准、清晰的合同文本和具体规定的仲裁条款，可以降低纠纷的发生，提高工程的顺利进行。这两个方面的最佳实践需要建立在合同各方充分理解和信任的基础上，通过规范的合同管理和仲裁程序，确保建筑工程的高效推进和成功完成。

第九章　建筑工程法治建设的应用

第一节　法治建设在建筑工程中的重要性和作用

一、法治建设在建筑工程中的重要性

（一）法治建设对合同管理的重要性

法治建设对于建筑工程中的合同管理具有重要的意义。它不仅为合同管理提供了法律的依据和保障，还在合同履行、争端解决等方面发挥着关键的作用。

首先，法治建设为合同管理提供了明确的法律框架。通过建立法治体系，相关法规和法律文件为建筑工程中的合同管理明确了一系列规定和法律条款。这种明确的法律框架为各参与方在合同签订、履行和争端解决等方面提供了明确的依据，有助于规范合同的订立和执行。

其次，法治建设强调了合同的自愿性和平等性原则。在法治体系下，合同的签订和履行是基于各方的自愿和平等的基础上进行的。法治原则要求合同各方在签署合同时应当具备完全的法律行为能力，不得通过欺骗、胁迫等手段强制达成合同。这有助于维护各方的平等权益，保障合同的正当性和公平性。

法治建设还通过规范合同的内容和执行程序，提高了合同管理的规范性和合规性。法治体系规定了合同中的相关事项，如付款方式、工程质量标准、违约责任等内容，要求各方在合同履行过程中严格按照法律规定执行，确保合同的合法性和合规性[①]。这种规范性的合同管理有助于降低合同纠纷的发生概率。

另外，法治建设在争端解决方面提供了合同管理的法律手段。当合同

① 我省法学会在全国首席法律咨询专家工作会议作经验介绍 [J]. 公民与法（综合版），2023(10)：2.

发生争议时，法治体系规定了一系列争端解决机制，包括仲裁、调解和诉讼等途径。各方可以根据法律规定选择合适的解决方式，通过合法途径解决争端，保障了争端解决的公正性和合法性。

此外，法治建设在建筑工程中对于合同管理的重要性还体现在对违约行为的处罚和制裁上。法治原则规定了合同违约的法律责任和处罚措施，对于履行不当、不按合同执行等违法行为进行了明确规定。这有助于提高各方对合同履行的敬畏感，降低合同违约的风险。

总体而言，法治建设对建筑工程中的合同管理具有深远的影响。它通过明确的法律框架、强调自愿性和平等性原则、规范合同内容和执行程序、提供争端解决机制以及对违约行为的处罚和制裁等多方面的手段，为建筑工程中的合同管理提供了法律保障，保障了各方的合法权益，推动了建筑工程合同管理的规范和健康发展。

1. 法治建设对建筑工程合同的规范

法治建设对建筑工程合同的规范具有重要的意义。法治建设通过建立和完善法律法规体系，规范了建筑工程合同的订立、履行和争端解决过程，为建筑工程提供了法治保障，保障了建设主体的权益，从而促进了建筑工程的健康有序发展。

法治建设在建筑工程合同中规范了各方的权利和义务。通过相关法律法规的制定，建筑工程合同中明确了各方在合同履行中的权利和义务，包括但不限于业主的权益、承包商的责任、设计师的义务等。这样的规范性使得建筑工程合同更具有明晰性和可操作性，避免了合同中存在模糊不清、争议频发的问题，提高了合同的履行效率。

法治建设对建筑工程合同规范了争端解决的程序和方式。建筑工程合同中的争端解决往往是无法避免的，但法治建设通过设立法定的争端解决程序，如仲裁和诉讼等，明确了争端解决的规则和流程。这有助于争端的迅速解决，避免了无谓的时间和金钱浪费，提高了建筑工程合同的履行效率。

法治建设对建筑工程合同规定了合同解除、修改等特殊情况下的程序和条件。法治建设通过法律法规的规定，明确了在何种情况下、以何种程序和条件可以解除或修改合同，为建筑工程提供了合法合规的解决途径，避免了非法、随意解除合同的情况发生。

法治建设还对建筑工程合同中的违约责任进行了规范。各方都有责任履行合同义务，违约行为可能导致法律责任的追究。法治建设通过设立明确的违约责任规定，规范了违约方面的法律责任，从而在一定程度上提高了合同的履行效率，保障了建筑工程的顺利进行。

法治建设还通过对建筑工程合同的法律责任主体、合同履行的监督机制等方面进行了规范。法治建设强调了法律责任的主体，明确了各方在合同履行中应承担的法律责任。法治建设还加强了对合同履行过程中的监督机制，确保合同的履行在法律框架内进行，有效地防范和解决合同纠纷。

法治建设对建筑工程合同的规范起到了积极的作用。通过建立完善的法律法规体系，法治建设明确了建筑工程合同中各方的权利和义务、争端解决程序、特殊情况下的程序和条件、违约责任等方面的规则，为建筑工程提供了法治保障。这不仅有助于提高建筑工程合同的履行效率，降低合同纠纷的发生概率，也为建筑工程的健康有序发展提供了法律保障。

2. 合同管理中法治建设的具体体现

法治建设的具体体现主要体现在合同管理方面。合同作为建筑工程中各方之间权利和义务的法定约束，是法治建设的基础和重要体现。以下通过具体案例分析法治建设在建筑工程合同管理中的体现，进一步探讨法治建设在建筑工程中的重要性。

在一起建筑工程案例中，由于设计变更、施工计划调整等，合同各方发生了纠纷。设计方认为施工方未按照合同要求执行，而施工方则主张设计方变更了施工计划，导致工程延误。在此案例中，法治建设的具体体现在于合同的制定和执行过程中，各方必须遵循法定程序和法定规定，确保合同的公正、合法和合规。

在合同管理中，法治建设的具体体现在于合同的明确性和合法性。在建筑工程合同的起草过程中，各方需要严格遵循法定程序，确保合同的合法性。合同中需要对工程的具体要求、进度计划、变更流程等进行详细规定，以确保各方对于合同内容的共同理解和遵守。

法治建设在建筑工程合同管理中体现在对于违约责任的明确规定。合同中通常包括各方的违约责任和补偿机制，确保一方的违约行为能够依法受到相应的法律制裁。设计方和施工方都应该依法承担相应的违约责任，合同中对于违约的定义和处罚机制需要符合法定规定，以确保法治原则的贯彻。

法治建设还在合同管理中体现在对争议解决机制的规定。建筑工程合同中通常包括争议解决的程序和机制，以确保在纠纷发生时能够依法解决。法治建设要求各方在合同中约定仲裁、诉讼等争议解决程序，确保争议的解决过程是合法、公正和透明的。

法治建设还要求建筑工程合同的履行过程中，各方要遵循法定程序和法规要求，确保合同的合规执行。合同管理中需要对设计变更、施工计划调整等事项进行法定程序的审批和记录，以确保合同的合法性和合规性。如果设计方要求变更，需要依法提出申请并经过合法程序的审批，确保变更的合法性。

法治建设在建筑工程中的重要性主要体现在合同管理方面。通过明确合同内容、规定违约责任、设立争议解决机制以及确保合同履行过程中的合法合规，法治建设为建筑工程提供了法定的制度保障。合同管理中的法治建设具体体现在对合同的合法性、违约责任、争议解决机制和合规执行的规范和约束，为建筑工程的有序进行提供了法律基础和框架。

（二）法治建设在提高建筑工程管理水平中的作用

法治建设在提高建筑工程管理水平中扮演着至关重要的角色。法治建设不仅是一种规范和约束，更是构建公正、有序的管理体系的基础。它在建筑工程中的重要性主要体现在以下几个方面。

第一，法治建设为建筑工程提供了明确的法律框架和规范。建筑工程涉及多个利益主体，包括业主、设计师、承包商等，各方之间存在复杂的权益关系。法治建设通过制定相关法律法规和建立法律体系，为建筑工程提供了明确的规则和框架，使各方在合同履行、工程质量、安全管理等方面能够依法行事。

第二，法治建设有助于建立健全的合同管理机制。建筑工程是一个涉及多方合作的复杂系统，各方之间通过合同进行法律约束。法治建设通过规范合同的制定、履行和解决争端的程序，强调合同的公平性和公正性。这有助于提高建筑工程合同管理的透明度，防范潜在的合同纠纷，促进各方依法履行合同义务，确保工程的顺利推进。

第三，法治建设还在建筑工程中起到了规范和引导的作用。在建筑工程管理中，法治原则有助于规范工程管理的各个环节，包括施工、设计、监理等。法治的引导作用使各方在工程质量、安全管理、环境保护等方面都能够依法履行责任，维护建筑工程的整体利益。这有助于建立健康的管理文化，提高工程的整体管理水平。

第四，法治建设还为建筑工程提供了有效的纠纷解决机制。由于复杂的项目结构和多方参与，纠纷不可避免。法治建设通过建立健全的仲裁、调解、诉讼等纠纷解决机制，为各方提供了一种公正、迅速解决争端的途径。这有助于避免纠纷的进一步升级。

第五，法治建设在建筑工程中的重要性还体现在对违法行为的惩罚和打击。通过设立法律责任和处罚机制，法治建设能够对违法行为进行有效的打击，提高各方依法履行职责的积极性。这有助于净化建筑市场环境，保持工程的健康发展。

第六，法治建设在提高建筑工程管理水平中发挥着至关重要的作用。它通过明确法律框架、规范合同管理、引导管理行为、提供纠纷解决机制以及打击违法行为等多方面的手段，为建筑工程创造了有序、稳定的法治环境，为行业的健康发展提供了坚实的法律基础。

二、法治建设在建筑工程中的作用

（一）法治建设在提高工程质量中的作用

法治建设在提高工程质量方面发挥着至关重要的作用。法治的健全和完善不仅为工程建设提供了有力的法律保障，也推动了工程管理的规范化和专业化，从而促进了工程质量的提升。

法治建设为建筑工程提供了法律框架和规范。通过法治建设，国家和地方出台了一系列法规、法律和政策，明确了建筑工程的法律地位、责任主体、法定程序等方面的规定。这为工程参与方提供了明确的法律依据，规范了各方的行为，确保了工程建设的合法性和合规性。

法治建设促使建筑工程实现了全过程的法律监管。从规划、设计、施工到验收、维护，法治框架下的建筑工程全过程都受到法律的监管。相关法规明确了各阶段的法律责任和义务，确保了每个环节都在法治轨道上运行。这种全过程的法律监管有助于防范和解决工程中可能出现的问题，提高了工程质量的可控性。

法治建设对建筑工程中的标准和规范制定起到了引导和规范的作用。法治建设要求建筑工程必须符合国家法规、标准和规范，推动了相关行业标准的不断更新和完善。通过合理、科学的标准和规范，可以规范工程建设中的各项活动，提高工程的技术水平和质量标准。

法治建设为建筑工程提供了有效的争端解决机制。由于各种原因可能发生纠纷，包括合同履行、设计变更、施工质量等问题。法治建设下的有效争端解决机制，如仲裁和法院审判，为纠纷的解决提供了明确的途径。通过这些机制，可以迅速、公正地解决纠纷，保障各方当事人的权益，提高工程质量的稳定性。

法治建设激发了建筑工程主体的责任心和法律意识。在法治环境下，各参与方更加注重合同的履行，明确自己的法律责任和义务。法治建设引导了建筑工程主体对法规的遵循，激发了他们的法律意识，从而提高了对工程质量的重视程度和主动性。

法治建设在提高建筑工程质量中发挥了至关重要的作用。通过法治的框架和规范，建筑工程实现了全过程的法律监管，保障了工程的合法性和合规性。法治建设还推动了标准和规范的制定，提高了工程的技术水平和质量标准。有效的争端解决机制和法治环境的建设，为建筑工程提供了法律保障和稳定的法治环境，进一步提高了工程质量。

(二) 法治建设在构建和谐建筑工程关系中的作用

法治建设在构建和谐建筑工程关系中起着不可替代的作用。它通过建立和完善法律法规体系，规范建筑工程各参与主体的行为，促进建筑工程的有序推进。法治建设不仅在合同履行、争端解决等方面发挥作用，同时通过对建筑工程行业的法律监管，提升了建筑工程的质量和安全水平，为构建和谐建筑工程关系提供了法治保障。

法治建设规范了建筑工程参与主体的行为。法治建设通过建立建筑工程领域的法律法规，明确了业主、设计师、承包商等参与主体在建筑工程中的权利和义务，规范了他们的行为。这有助于避免在建筑工程中出现不当行为、违法操作等问题，确保各方在建筑工程中按照法律规定履行责任，提高了建筑工程的和谐程度。

法治建设规范了建筑工程合同的订立和履行。通过法律法规的制定，法治建设明确了建筑工程合同的法定要素、履行程序、违约责任等相关规定。这使得建筑工程合同更加明确、合法，各参与主体在合同履行中有章可循、有法可依。这有助于降低合同纠纷的发生，维护建筑工程关系的和谐。

法治建设在建筑工程争端解决方面发挥了关键作用。法治建设通过规范争端解决的程序、方式，如仲裁和诉讼等，为建筑工程提供了合法合规的解决途径。这有助于争端的及时解决，避免了纠纷的扩大和长时间拖延，提高了建筑工程的推进效率。

法治建设还通过建立建筑工程质量和安全的法律监管体系，提升了建筑工程的整体水平。法治建设对建筑工程中涉及安全、环保、质量等方面的规定，保障了建筑工程的可持续发展。这有助于减少因质量问题引发的争端，提高了建筑工程的整体安全性和质量水平。

法治建设还通过法律的严明惩处机制，对于违法违规行为进行了惩戒，从而形成了对建筑工程参与主体的威慑作用。这有助于维护建筑工程市场的公平竞争环境，促进了行业的良性发展。

法治建设在构建和谐建筑工程关系中的作用不可忽视。它通过规范建筑工程参与主体的行为、建立健全的合同法律体系、提供合法合规的争端解决途径，以及对质量和安全进行法律监管等多方面的措施。这使得建筑工程在法治框架内有序进行，各参与主体在法律的规范下行使权利和履行义务，从而提高了建筑工程的和谐程度，促进了行业的健康发展。

第二节　法治文化和法治意识的培养

一、建筑工程中法治文化的培养

（一）法治文化的培养策略

在建筑工程领域培养法治文化的策略包括法律教育、组织文化建设、实践经验分享等多方面的措施。这些策略有助于建筑工程从业者深刻理解法治的核心理念，提高法治素养，塑造良好的法治文化氛围。

首先，法治文化的培养需要通过定期开展法律教育活动。这包括组织法治讲座、座谈会、研讨班等形式，由专业法律人员深入地解读法规和法律要点。通过实例分析、案例讲解等方式，使从业者深刻理解法治的核心理念和法律规定，提高对法治的认知和遵守度。

组织文化建设是培养法治文化的关键环节。建筑工程企业可以通过制订法治文化建设计划，强调法治观念，明确法治要求。企业可以设立法律工作组织，负责法治文化的推动和执行。通过在企业内部构建法治文化的氛围，可以使从业者更加自觉地遵循法规。

实践经验分享也是培养法治文化的有效策略之一。通过定期组织工程管理人员、从业者的实践交流会，分享法治实践经验和典型案例。这有助于将理论知识与实践相结合，使从业者更好地领会法治在实际工程管理中的应用，形成共同的法治实践共识。

建筑工程领域还可以推动建立法治宣传平台，通过建立企业内部网站、社交媒体账号等形式，及时传递法治信息、法规变化和相关法治案例。这有助于建筑工程从业者时刻保持对法治的关注，提高对法治实践的敏感性，形成持续的法治学习和宣传机制。

建筑工程企业可以积极参与社会公益活动，弘扬法治文化。通过组织法治宣传活动、参与社区法治教育，企业能够向社会传递积极的法治理念，树立企业的法治形象。这不仅有助于企业树立社会责任感，也有助于建筑工程从业者更加深入地参与法治实践[①]。

培养建筑工程中的法治文化需要采取综合性的策略，包括法律教育、组织文化建设、实践经验分享、宣传平台建设和参与社会公益活动等多方面的措施。这样的综合性策略有助于形成良好的法治氛围，推动建筑工程行业全面深入地培养和弘扬法治文化。

1. 法治教育与培训计划的设计

在建筑工程中培养法治文化，需要设计合理的法治教育与培训计划。这样的计划不仅能够提高各参与方的法治意识和法律素养，也有助于规范工程管理、预防法律风险。合理的法治教育与培训计划设计应该兼顾全员、全过程、全方位的要求。

针对建筑工程的各参与方，法治教育计划应该注重全员参与。包括业主、设计师、施工方、监理等多方面的参与者，都应该接受法治教育，增强法治意识。法治教育可以通过工作坊、培训课程、在线学习等形式进行，确保所有参与者都能够了解相关法规、法律责任，提高法治素养。

法治教育计划需要贯穿整个建筑工程的全过程。从项目立项、合同签订、设计、施工到竣工验收和后期维护，法治教育都应该有针对性地贯穿每个阶段。不同阶段涉及的法律问题和法规要求各异，培训内容应该因阶段而异，针对性更强。

全方位的法治教育计划还需要覆盖不同方面的法治知识。包括但不限于建筑法律法规、合同法、建筑质量法规、劳动法等多个领域的法治知识。通过多层次、多方位的法治教育，能够全面提高参与者的法治素养，使其在工程管理和合同履行过程中更具法律意识。

法治培训计划还应注重互动和案例分析。通过与实际案例相结合的方式，参与者更容易理解法治知识的实际应用。讨论实际案例，深入分析法律问题，可以增加参与者对法治知识的深层次理解，并培养其在实际工作中独立解决法律问题的能力。

在培养法治文化的过程中，法治教育计划也应该注重监督与评估。建立健全的法治教育评估体系，通过考试、练习、实际操作等方式对参与者的

① 何炜炜．习近平法治思想引领公安法学教育的理论与实践[J].福建警察学院学报，2023，37(5)：1-8.

法治知识进行检测和评估。监督机制的建立可以确保法治教育计划的质量和有效性，及时调整和优化培训内容。

法治教育计划的长期性也需要得到重视。建筑工程是一个长周期的过程，法治教育不能仅仅是一次性的培训。通过定期的法治培训、更新培训内容、引入新的法规和案例，使法治培训保持更新，不断适应建筑工程管理的变化，提高法治文化的可持续发展。

建筑工程中培养法治文化需要设计全员、全过程、全方位的法治教育与培训计划。这样的计划应该注重参与者的多样性，贯穿整个工程过程，涵盖多领域的法治知识，注重互动和案例分析，建立监督与评估机制，并保持长期性。通过这样的法治教育计划，能够在建筑工程中树立法治文化，提高工程的管理水平和整体质量。

2. 法治价值观在建筑企业中的落地

在建筑企业中，法治价值观的落地以及法治文化的培养具有深远的意义。法治价值观的贯彻执行，不仅有助于规范企业内部的行为准则，也在建筑工程中促进了合同履行、争端解决和整体管理的有效推进。建筑企业应该通过内外部机制的协同配合，培养法治文化，使之在企业各个层面深刻融入，实现法治理念的真正落地。

法治价值观的落地体现在企业内部制度和规章的建立。建筑企业需要明确各层级员工的权利和责任，建立起一套完备的内部管理体系。通过法治的思想理念，企业内部的规章制度能够更加科学、公正，使每位员工在企业内部遵循相同的法规和行为准则，维护企业的稳定和有序运营。

法治价值观在建筑企业中的落地需要通过培训机制，提升员工的法治素养。企业可以通过开展法律知识普及和实际案例分析等培训活动，加强员工对法治概念的理解和运用。这有助于员工在工作中更加注重法规的遵守，提高法治观念的实际应用水平。

建筑企业还需要注重建设健全的法务部门。通过建立专业的法务团队，企业能够及时了解法律法规的变动，预防潜在的法律风险。法务部门的存在也有助于企业更加理性地处理合同纠纷、争端解决等法律事务，使企业在法治的框架下更好地运营。

法治价值观的落地还需要在建筑企业的企业文化中得以体现。企业文化是企业行为准则和核心价值观的集中体现，法治文化应当成为企业文化的重要组成部分。企业可以通过文化活动、内部沟通等方式，弘扬法治的核心理念，让员工在工作中自觉地遵循法律规定，形成良好的法治氛围。

法治文化的培养同样至关重要。建筑企业应当加强对建筑工程法规和标准的培训，确保项目团队对相关法规的了解和掌握。通过建立健全的合同管理制度，企业能够明确合同的权利和义务，规范合同的履行流程，提高合同的履行效率。

建筑企业还应当建立完善的争端解决机制。通过明确争端解决的程序和方式，企业能够更加高效地解决争端，避免纠纷的扩大和长时间拖延。这有助于维护建筑工程的正常进展，减少法律风险的发生。

法治价值观在建筑企业中的落地是一个深化管理、提升文化素质的过程。通过制度规范、员工培训、法务建设、企业文化塑造等多方面的努力，企业能够在内部形成法治文化的共识，使法治理念深入人心，为企业的可持续发展和和谐建筑工程关系奠定坚实的基础。

（二）法治文化对建筑团队效能的影响

建筑团队的效能受到法治文化的深刻影响，其对于建筑工程的执行和管理具有至关重要的作用。法治文化的培养在建筑工程中体现为法律意识、规章制度的遵守以及团队协作的法治化等方面。

法治文化对建筑团队效能的影响主要表现在法律意识的培养。建筑团队的成员应当具备对相关法律法规的敏感性和遵从性，了解和遵守建筑工程领域的法律法规，以保证项目的合规进行。法治文化的培养意味着在建筑团队中强调法律意识的重要性，使每个成员都明白法规对于建筑工程的重要性，从而在工作中更加规范和合法。

法治文化对建筑团队效能的影响还体现在规章制度的遵守上。建筑工程是一个涉及众多环节和参与者的复杂系统，为了确保工程的有序进行，必须建立一系列规章制度。法治文化的培养意味着团队成员要遵守相关的规章制度，严格执行项目计划和操作规程。通过规章制度的遵守，建筑团队能够有效降低工程风险，提高工程执行的效率和质量。

法治文化还要求建筑团队在协作中体现法治原则。团队成员之间的协作关系至关重要。法治文化的培养要求建筑团队在协作中要遵循法定程序，遵守契约精神，确保项目的各项工作合法、透明、公正。通过法治文化的培养，建筑团队可以在协作中形成规范、有序的工作模式，提升整个团队的协同效能。

法治文化的培养还要求建立健全的法律意识教育机制。这一机制可以通过培训、教育、案例分享等方式，向建筑团队的成员传递法治文化的理念和原则，使其树立正确的法治观念。通过法治文化的教育培训，建筑团队的成员能够更好地理解和贯彻法律法规，增强合规管理的意识，提高团队效能。

法治文化的培养还需建立健全的法律咨询和监督机制。在建筑工程中可能会涉及复杂的法律问题，建筑团队需要有能够提供专业法律咨询的渠道。建筑团队应当建立有效的内部监督机制，确保工作的合规性和透明性。这种监督机制有助于防范和解决潜在的法律问题，保障建筑工程的合法有序进行。

法治文化对建筑团队效能的影响主要体现在法律意识的培养、规章制度的遵守、协作中的法治原则体现、法律意识教育机制的建立和法律咨询与监督机制的健全。通过这些努力，法治文化能够在建筑工程中发挥积极作用，从而提高建筑团队的合规管理水平，增强团队效能。

二、建筑工程中法治意识的培养

(一) 法律教育与宣传活动

法治教育与宣传活动对于培养法治意识具有重要作用。法治意识是指各参与主体在建筑工程中明确法律规范、遵循法律原则的认识和自觉。通过法律教育与宣传活动，可以有效提升建筑工程从业者的法治素养，推动法治观念深入人心，促使各方更加依法行事。

法治教育有助于建筑工程从业者对法律法规的深入理解。通过开展专业的法治培训，建筑工程人员能够更全面地了解与建筑工程相关的法律法规，包括合同法、建筑法规、劳动法等。这有助于从业者更好地理解法律的约束和规范，提高对法规条款的敏感性和合理解释能力。

法治教育有助于建筑工程从业者增强法治意识。通过宣传法治理念，强调法治的重要性以及法律对建筑工程的指导作用，可以使从业者树立起自觉遵守法律的信念。法治意识的提升使建筑工程参与者在日常决策和操作中更加注重法规合规性，从而降低违法风险，维护自身合法权益。

法治教育还有助于建筑工程从业者形成合同管理的良好习惯。合同管理涉及合同的签署、履行、变更和解决争端等方面。通过法治教育，从业者能够更深刻地理解合同的法律意义，形成合同管理的规范化思维和操作习惯，减少因合同管理不善引发的法律纠纷。

法治教育与宣传活动还能够促使建筑工程从业者注重安全与环保。法治体系中通常包括对安全和环保方面的法规，而这对于建筑工程是至关重要的。通过教育活动，建筑工程从业者能够更加理解和尊重相关法规，强化对工程安全、施工环境和材料质量的管理，降低安全事故和环保违规的风险。

法治教育与宣传还有助于建立良好的纠纷解决机制。从业者能够更好地了解争端解决的法律途径，包括仲裁、调解和诉讼等。了解这些机制有助于在纠纷发生时能够迅速、合法地解决问题，维护自身权益。

法治教育与宣传活动在建筑工程中的法治意识培养中发挥着重要作用。通过深入的法治培训以及宣传法治理念，可以促使建筑工程从业者深刻理解法律法规，增强法治意识，形成规范的管理习惯，提高合同管理水平，降低法律风险，从而推动建筑工程管理水平的不断提升。

(二) 内部监督体系对法治意识的促进

内部监督体系在建筑工程中的法治意识培养方面发挥着至关重要的作用。这一体系通过建立规范的管理程序、明确的责任分工以及有效的监督机制，促进了各参与方对法律法规的遵守，增强了法治意识，有力地维护了建筑工程的合法权益和整体质量。

内部监督体系有助于建立明确的法规合规制度。通过在内部监督体系中规定法律法规、合同约定等方面的合规要求，确保各参与方清晰了解和遵守相关法规。这种制度的建立有助于规范工程建设过程中的各项活动，为法治意识的培养奠定了基础。

内部监督体系通过建立有效的责任分工，强化了法治意识的执行。通过内部监督体系的规范，明确每个参与方的法律责任和义务，使各方在工程过程中更加注重法律合规，形成有效的法治意识。

内部监督体系的设立还有助于建立健全的信息披露机制。信息的及时传递对于法治意识的培养至关重要。通过内部监督体系规定的信息披露流程，可以确保项目各方之间的信息传递及时准确，使参与方更加了解工程的法律状况，从而提高法治意识。

内部监督体系的建立还能够强化对违规行为的纠正和处理机制。通过内部监督体系规范违规行为的处理程序，使违规者必须承担法律责任，起到了震慑作用。这样的机制有助于树立法治观念，使各参与方更加注重合法合规的行为。

内部监督体系通过定期的自查与评估，强调了法治意识的持续提升。通过对内部监督体系的自查，不断优化体系，使其更加适应工程建设的实际需要，确保法治意识在工程中的持续推进。

内部监督体系在建筑工程中的法治意识培养中发挥了关键作用。通过规范、明确、强化各方的法治责任和义务，强调信息披露、风险防范和对违规行为的处理，促进了全员对法治的敏感性和法治意识的提升。这种体系的建立使建筑工程更加合法合规，保障了工程质量和合同履行的稳定性。

第三节 建筑工程法治建设的成功经验和挑战

一、建筑工程法治建设的成功经验

(一) 法规体系的完善与适应性

建筑工程法治建设的成功经验主要体现在法规体系的完善与适应性方面。成功的法治建设需要在建筑工程领域建立健全的法规体系，使之具备适应不同发展阶段和应对多变情境的能力。

法治建设成功的经验在于建筑工程法规体系的完善。完善的法规体系应当包括详细而清晰的法律法规，旨在规范建筑工程各个环节的行为。建筑工程法规体系的完善有助于明确法律责任，规范从业者的行为，确保建筑工程的有序进行。关键是要确保法规的科学性、全面性和可操作性，使其能够真实地反映建筑工程领域的实际情况，为行业提供明确的法治指导。

法治建设成功的经验要求法规体系具备良好的适应性。建筑工程领域发展迅速，技术、材料、管理方式等方面不断创新，因此法规体系需要具备良好的适应性，能够及时调整和更新以适应新情况[①]。这需要法规体系制定机关密切关注行业发展动态，不断修订和更新法规，确保其能够有效地适应建筑工程行业的变化，为行业的可持续发展提供有力的法治支持。

成功的法治建设经验体现在建立法规体系的参与性和协同性。法规体系的建立应当充分考虑建筑工程行业内各方的利益和需求，倡导广泛的参与和协商。通过广泛征集各方意见、建立协同机制，可以更好地体现法规的公正性和合理性，增强法规体系的可行性和执行力。

成功的法治建设经验还要求建筑工程法规体系能够综合运用各种法律手段。法规体系的完善需要综合运用立法、行政法规、部门规章等法律手段，确保法规的层次清晰、权责一致。通过科学合理的法规设计，能够更好地规范建筑工程行业的行为，实现法治建设的目标。

建筑工程法治建设成功经验要求法规体系的建设要与建筑工程行业的实际情况相结合。法规体系的建设应当深入了解建筑工程行业的运作机制、特点和问题所在，不仅要从理论上规范行业行为，更要与实践相结合，贴近建筑工程的实际操作，确保法规的有效实施。

建筑工程法治建设的成功经验在于法规体系的完善与适应性。通过建立清晰而科学的法规体系，确保其具备良好的适应性、参与性和协同性，能够综合运用各种法律手段，与行业实际相结合，建筑工程行业能够更好地适应法治建设的要求，保障行业的健康有序发展。这一经验对于其他领域的法治建设也具有一定的借鉴意义。

1. 法规体系的定期审查与更新

建筑工程法治建设的成功经验之一在于法规体系的定期审查与更新。通过建立完善的法规体系，不断审查和更新其中的法律法规，能够适应社会发展变化、行业特点的演变，提升法治建设的针对性和实效性。这一经验的

---

① 郭晓刚，邹文清．高素质律师队伍建设的中国路径——《关于加强新时代法学教育和法学理论研究的意见》的解读 [J]. 人生与伴侣，2023(39)：18-20.

成功实施有助于保障建筑工程的正常运作，促进法治理念在行业中的深入落地。

建筑工程法治建设注重法规体系的建设。在建筑工程法治体系中，各个法规的制定需贴合实际情况和行业发展需要。建筑工程的特殊性要求法规的制定必须精准，能够解决实际问题，规范建筑行业的行为。建筑工程法治建设首先要建立完备的法规体系，包括法律、法规、标准等。

定期审查法规体系是法治建设成功的关键之一。建筑工程作为一个快速发展的行业，法规制度需要随着社会和行业的变化而不断调整。通过定期对法规进行审查，可以发现存在的不足和问题，及时进行修订和更新。这样的定期审查机制有助于保持法规体系的灵活性和适应性，确保其与建筑工程实际情况保持紧密契合。

成功的法治建设还需要与时俱进，不断更新法规。建筑工程法治建设应当关注行业发展的新趋势、新技术、新模式等方面的变化，及时修订法规，确保法规的时效性和可操作性。例如，随着建筑科技的发展，新型建筑材料和技术的应用，需要及时更新法规以适应新的建筑环境。

法规的更新还要注重法规之间的衔接和协同。建筑工程法规涉及众多方面，不同法规之间的协调一致性至关重要。定期审查和更新法规的需要确保各个法规之间的衔接和协同，以防止法规之间的冲突和漏洞，形成一个系统完备的法治建设体系。

法规的定期审查和更新不仅是行政机关的职责，也需要建筑行业协会、企业、专业人士等各方的积极参与。建筑工程法治建设的成功经验表明，多元主体的参与能够更好地凝聚智慧，形成共识，为法规的更新提供更为全面和权威的建议。

建筑工程法治建设的成功经验之一是法规体系的定期审查与更新。定期审查和更新法规，法治建设能够更好地适应建筑工程行业的发展变化，提高法规的针对性和适应性，从而保障建筑工程的正常运作，促进法治理念在行业中的深入实践。这一成功经验为其他领域的法治建设提供了有益的启示。

2. 法规体系的适应性调整与优化

建筑工程法治建设的成功经验主要体现在法规体系的适应性调整与优

化上。法规体系的不断调整与优化是确保建筑工程合规进行的重要环节。通过借鉴成功经验，建筑工程法治建设能够更好地适应社会发展和工程变革的需要。

成功的建筑工程法治建设经验体现在法规体系的灵活性。建筑工程法规需要具备一定的灵活性，以适应不同工程的特点和复杂性。灵活的法规体系能够在确保法律原则的基础上，根据不同建筑工程的实际情况进行调整，使其具有更好的适应性和可操作性。

建筑工程法治建设成功经验凸显在法规体系的持续优化。建筑行业不断发展和变化，法规体系应当与时俱进，持续优化以适应新的技术、材料和管理方式的引入。通过对法规体系的不断优化，可以更好地解决新兴问题和挑战，确保法律法规与建筑工程的发展保持一致。

成功的建筑工程法治建设经验还在于法规体系的协同性。建筑工程往往涉及多个环节和多方参与，法规体系需要具有协同性，使各项法规能够有机地配合和衔接。协同性的法规体系有助于减少法律漏洞，提高法规的完备性和可操作性，使建筑工程的法治体系更为有力和有效。

成功的建筑工程法治建设经验还强调法规体系的实用性。法规体系的设计应当注重实际应用，使法规内容贴近建筑工程的实际操作，便于建筑从业者理解和遵守。实用性的法规体系有助于减少误解和纠纷，提高建筑工程法治建设的实际效果。

建筑工程法治建设成功经验还表现在法规体系的透明性。透明的法规体系能够使建筑从业者清晰了解法规的内容和要求，降低因法规理解不清而导致的违规行为。透明的法规体系也有助于公众监督，增强法规执行的公正性和合法性。

通过灵活性、持续优化、协同性、实用性和透明性的法规体系设计，建筑工程法治建设能够更好地适应社会和工程的发展需求，确保建筑工程在法治框架下有序、安全、高效地进行。

（二）法治教育与培训的有效实施

实施有效的法治教育与培训对于建筑工程法治建设至关重要。在法治建设的成功经验中，充分认识并贯彻有效的法治教育与培训是一项关键措施。成功的经验主要包括以下几个方面。

建筑工程法治建设应当注重制订明确的培训计划。通过制订详细的培训计划，能够确保法治教育的全面性和系统性。培训计划应当包括法治理念的宣传、法规的详细解读、案例分析等内容，以满足建筑工程从业者对法治知识全面、深入的需求。

建筑工程法治建设要着力构建多层次、多形式的法治教育与培训体系。通过举办定期的法治培训班、座谈会、研讨会等形式，能够满足不同层次、不同领域从业者的法治需求。采用在线教育、远程培训等现代化手段，提高培训的灵活性和便捷性。

成功的法治建设还需要建立有效的法治教育与培训机构。这些机构可以是由法学专家、法律从业者组成的培训团队，也可以是专门从事法治培训的独立机构。通过建立这样的机构，能够确保法治教育的专业性和权威性，为建筑工程从业者提供高质量的法治知识传授。

建筑工程法治建设需要将法治教育与培训贯穿整个从业者职业生涯的全过程。不仅要注重新员工的入职培训，还要关注中高级管理人员的法治培训，以及对项目经理、施工人员等具体岗位的法治知识培训。通过全员覆盖的培训措施，能够确保法治教育的全面普及，形成良好的法治文化。

成功的法治建设还需将法治教育与培训和实际工作紧密结合。培训内容应该围绕建筑工程的实际操作展开，注重解决实际问题。通过案例分析、模拟演练等方式，使从业者更好地理解和应用法治知识，提高法治意识在实际工程管理中的贯彻执行。

在实施法治教育与培训时，应当充分利用各类宣传媒体，扩大法治教育的覆盖面。通过建立建筑工程法治建设的宣传平台，能够将法治理念传递给更广泛的从业者。还可以利用现代科技手段，如社交媒体、短视频等，提高法治教育的传播效果，吸引更多从业者的参与。

建筑工程法治建设中法治教育与培训的成功经验包括：明确培训计划，构建多层次、多形式的培训体系，建立有效的培训机构，贯穿从业者职业生涯的全过程培训、与实际工作紧密结合，以及充分利用宣传媒体等方面的实践。这些经验共同构成了一个科学、系统、实用的法治教育与培训体系，为建筑工程法治建设提供了有力的支持。

二、建筑工程法治建设面临的挑战

（一）法治理念在建筑业中的普及问题

建筑业中法治理念的普及问题是当前面临的一项重要挑战。法治在建筑工程中的普及受到了多方面的制约，这涉及法律体系、文化认知、执行机制等多个方面的因素。面对这些挑战，需要深入分析问题根源，寻找有效的解决途径，以推动建筑业法治理念的全面普及。

法治体系的不完善是建筑业法治普及面临的首要问题。建筑业所涉及法规法律繁多，且多为细则，有时烦琐而不易理解。法治的普及需要建立一个完善的法律体系，使法规更加简明扼要，易于理解和执行。法律的适用需要更具体地考虑到建筑业的实际情况，以确保法治的实际效果。

文化认知的不足是法治理念普及面临的挑战之一。在某些地区或企业中，法治意识仍未深入人心，甚至存在法治观念的淡漠。推动法治理念的普及需要深化法治教育，加强法治宣传，提高从业人员对法治的认识，成为一种社会共识。

执行机制的不健全也是建筑业法治普及面临的挑战之一。尽管有了一系列法规，但在执行阶段却存在监督不足、执法不力等问题。完善执行机制，建立有效的监督体系，是推动法治理念的普及的重要一环。对于法律责任的追究也需要更为有力，以保障法治理念的真正贯彻执行。

建筑业中存在的腐败问题也是法治普及面临的严峻挑战。在一些工程中，腐败行为可能影响了法治的贯彻实施，使得法治理念无法真正深入建筑业的每个角落。打击腐败，建立廉洁环境，对于推动法治理念的普及至关重要。

法治教育和培训的不足也是建筑业法治普及的问题之一。建筑从业者在法律知识和法治观念方面的教育和培训相对不足，导致法治理念的普及进展缓慢。通过建立健全的法治教育和培训体系，可以提高从业人员的法治素养，推动法治理念在建筑业中的普及。

建筑业中法治理念的普及面临着法律体系不完善、文化认知不足、执行机制问题、腐败等多重挑战。解决这些问题需要综合施策，通过改革法律体系、深化法治教育、完善执行机制、打击腐败等多方面的努力，促进法治理念在建筑业中的全面普及，从而为行业的健康发展奠定坚实的法治基础。

(二) 法治执法中的难题与改进方向

建筑工程法治建设面临着一系列挑战，而法治执法中的难题是其中的重要方面。这些难题既来自建筑工程行业的特殊性，也受到社会发展和法治理念深入的影响。了解这些难题并提出改进方向，有助于更好地推动建筑工程法治建设的进程。

一项重要的挑战是法治执法中的缺乏有效监督机制。由于监管资源有限、执法力量不足，以及相关执法程序的不透明等原因，监管难度较大。一些执法人员可能面临行业利益和政治干预，导致执法的不公正和不公平。这需要建立更加有效的监督机制，加强对执法人员的培训和教育，确保执法的公正性和透明度。

法治执法中存在的一个挑战是对法规的不理解和不熟悉。由于建筑工程法规繁杂，不同的法规之间存在交叉和关联，执法人员可能对其内容理解不足。这导致执法的随意性和主观性，增加了法治执法的不确定性。因此，有必要加强执法人员的法律知识培训，提高他们对法规的理解和适用水平，以提高执法的准确性和公正性。

建筑工程法治建设还面临着建筑行业内外环境的变化带来的挑战。例如，新兴技术和建筑模式的不断涌现，使得法规需要不断进行修订和更新，以适应新的情况。而一些不法分子可能会利用法规的滞后性和漏洞，进行违法行为。需要加强法规的动态调整，及时更新法规以应对新情况，并建立更为灵活的执法机制，提高对违法行为的打击效果。

建筑工程法治建设还面临着多部门协同合作的问题。不同的执法部门可能需要共同合作，但由于各自职责范围的限制，存在协同合作的难题。这导致了执法工作的不协调和不统一。为了解决这一问题，需要建立更加紧密的协同机制，加强各部门之间的信息共享和协作，提高执法的效率和效果。

解决这些问题需要全社会的共同努力，包括完善监督机制、加强执法人员培训、及时更新法规、协同合作等多方面的措施。只有通过不断改进，才能够更好地推动建筑工程法治建设的进程，实现建筑工程领域法治理念的深入贯彻。

第四节　法治建设对建筑工程行业的影响和未来发展

一、法治建设对建筑工程行业的影响

（一）法治建设对行业规范的提升

法治建设对建筑工程行业的影响主要体现在行业规范的提升。法治建设通过建设健全的法规体系、强化法规执行、加强从业者法律意识等方面，为建筑工程行业提供了法治保障，推动了行业规范的提升。

法治建设在建筑工程行业的影响表现在法规体系的建设。法治建设要求建立完善、科学的法规体系，确保法规的制定和修订符合法治原则。建筑工程行业的法规体系应当细化、明确，覆盖各个方面，以保障建筑工程的有序进行。这有助于提高从业者对法规的遵守度，加强行业的法治基础。

法治建设在强化法规执行方面发挥作用。通过建设法治体系，加强对法规执行的监督和检查，可以确保法规得到有效执行。建筑工程行业需要建立健全的监管机制，对违法行为进行及时处理，提高法规执行的严肃性和有效性。这有助于维护行业的公平竞争环境，促使从业者更加自觉地遵守法规。

法治建设还要求加强从业者法律意识的培养。建筑工程行业从业者应当具备一定的法律素养，明确自身在法治框架下的法律责任和义务。加强对从业者的法律教育和培训，提高其法治意识，使其在工作中能够更好地遵守法规，规范行业行为。

法治建设还要求建立健全的法律纠纷解决机制。在建筑工程行业，纠纷是难以避免的，而法治建设要求建立起有效的法律纠纷解决机制，确保争议能够依法解决。这有助于维护行业的稳定和有序，增强从业者对法治的信任感，促使其更加自觉地遵守法规。

法治建设还要求建筑工程行业建立行业协会和自律组织，加强行业自我管理和监督。通过行业协会的参与，建筑工程行业可以推动行业内部的规范化发展，制定并推动实施更为严格的行业标准。自律组织的建立有助于规范行业行为，维护行业的良好形象①。

通过法规体系的建设、法规执行的强化、从业者法律意识的培养、法律纠纷解决机制的建立以及行业协会和自律组织的加强等方面，法治建设为建筑工程行业提供了法治保障，推动了行业规范的不断提升。这将有助于建筑工程行业更好地适应法治要求，保障行业的健康发展。

1. 法治建设对建筑工程法规的修订与制定

建筑工程法治建设对于建筑工程法规的修订与制定起到了积极而深远的影响。这种影响体现在法治建设对法规的指导思想、法规内容的更新、法规的实施机制等方面，为建筑工程行业的规范发展提供了有力支持。

法治建设对建筑工程法规的修订与制定在指导思想上发挥了引领作用。法治建设要求法规的制定与修订应当符合法治原则，即法律面前人人平等、公正公平。在建筑工程法规的修订与制定中，法治建设引导制定方更加注重法规的公正性、合法性，确保法规能够以法治的精神来引导建筑工程行业的发展。

法治建设对建筑工程法规的修订与制定影响法规内容的更新与完善。随着社会的不断发展和建筑工程技术的不断创新，法治建设要求法规能够及时反映社会变革和行业发展的实际需求。在修订与制定建筑工程法规时，需要考虑到新兴技术的应用、社会法治环境的变化等因素，以确保法规能够更好地适应时代的发展和建筑行业的进步。

法治建设对建筑工程法规的修订与制定还在法规实施机制上发挥了积极作用。法治建设强调法律的实施是法治建设的重要环节，因此在建筑工程法规的修订与制定中需要考虑到法规的实际执行，以及相关部门的监管和协调机制。这有助于提高法规的执行效果，减少法规的虚设和空转。

法治建设还在建筑工程法规的修订与制定中强调法规的合理性和可操作性。法规要在实践中得以贯彻，因此在修订与制定法规时，需要考虑到实际操作的可行性，以避免法规的过于理论化和脱离实际，使法规更贴近建筑工程的实际操作，提高法规的实用性。

在影响建筑工程行业方面，法治建设通过对建筑工程法规的修订与制

① 董政．重拾“真理的片段”：新时代“国家与法的理论”反思 [J]. 北方论丛，2023（5）：80-92.

定，促使建筑工程行业更加注重法治精神。法治建设要求建筑工程行业的法规制定应当符合法治原则，这使得行业内的参与者更加注重遵守法规，规范了建筑工程行业的经营和管理行为。

法治建设对建筑工程行业产生的深远影响在于提升行业的信誉和形象。通过建筑工程法规的修订与制定，可以加强行业自律，提高从业人员的职业道德水平，减少违法违规行为的发生，从而增强建筑工程行业的整体形象，提升社会对该行业的信任度。

建筑工程法治建设对于建筑工程法规的修订与制定产生了深远而积极的影响。通过引领制定方注重法规的公正性、合法性、及时更新法规内容、强调法规实施机制、关注法规的合理性和可操作性等方面，法治建设有力地推动了建筑工程行业的规范发展。这对于确保建筑工程行业的法治建设水平，提高行业整体形象，推动社会经济的可持续发展具有重要的意义。

2. 法治建设对建筑行业标准的影响

法治建设对建筑行业标准的影响深远而积极。在建筑工程行业中，法治体系的健全对于规范行业秩序、提升工程质量、保障各方权益起到了关键作用。法治建设通过对标准的法律规范和监管，推动建筑行业的健康发展。

法治建设对建筑行业标准的影响体现在推动建立健全的法规体系。通过法治体系的搭建，建筑行业在制定和修订标准时需要更加严格地遵循法律法规。这有助于防范一些违法行为，保障标准的科学性、合理性。法治建设推动了建筑行业标准的法治化，为行业提供了明确的法律依据。

法治建设促进了建筑行业标准的透明度和公正性。标准的制定过程更加公开、透明，各方利益得到更好的平衡。法治的原则和程序要求标准的制定应当充分考虑各方的意见，确保标准的制定过程合法公正，不偏袒某一方。这有助于建立公正的标准体系，推动建筑行业朝着更加规范、公正的方向发展。

法治建设还加大了建筑行业标准的执行力度。在法治的环境下，标准的执行更加受到法律的约束和监督。相关法规要求各方必须遵守标准，不得随意规避或违反标准。这有助于提高标准的执行率，降低违规行为的发生，推动建筑行业向着更加规范、可持续的方向发展。

法治建设强化了建筑行业标准的社会监督。法治体系注重公众参与，鼓励社会各界对标准的制定和执行进行监督。建筑行业在法治体系的引导下，更加注重倾听公众意见、接受社会监督，使标准更加贴近实际、符合社会期望。这有助于建筑行业标准更好地满足社会需求，提升行业的社会责任感。

法治建设对建筑行业标准的影响还在于促进标准的创新和提高。标准制定机构受到法律的规范和激励，更有动力提高标准的科学性和前瞻性。法治的推动下，建筑行业标准更容易适应科技发展和市场变化，提高标准的适应性和前瞻性。

法治建设对建筑行业标准的影响是全面而深刻的。它通过健全法规体系、提高透明度和公正性、增强执行力度、强化社会监督以及促进创新提高等方面的作用，推动建筑行业标准朝着更加规范、科学、透明的方向不断发展，为行业的可持续发展提供了坚实的法治基础。

(二) 法治建设对企业合规管理的推动

法治建设对企业合规管理的推动在建筑工程行业产生了深远的影响。法治建设的推动不仅提高了企业的法律意识和法律风险防范能力，也促进了行业的规范化发展和良性竞争。法治建设在建筑工程行业中发挥着积极的引领作用。

法治建设提高了企业的法律意识。企业更加关注法律法规的变化和对企业经营的影响。企业领导层、管理人员和从业人员逐渐形成了强烈的法治意识，深入理解并遵循法规要求，提升了企业的法治素养。

法治建设促使企业建立健全的合规管理体系。在法治建设的推动下，企业逐步建立了完善的法律风险防范机制，制定了严谨的规章制度。企业的合规管理体系更加科学、规范，有助于防范和化解法律风险，提高企业的可持续经营能力。

法治建设还推动了企业的自我监督和内控体系的建设。企业在法治的引导下，通过建立内部监督和内控机制，加强对业务活动的监管，规范员工的行为，防范合规风险。这有助于企业更加有效地自我管理，保持经营的合法合规性。

法治建设对企业的社会责任意识产生了深刻影响。法治建设要求企业履行社会责任，积极参与社会公益事业。企业通过履行社会责任，不仅满足法规的要求，还建立了良好的企业形象，促进了企业可持续发展。

法治建设也推动了建筑工程行业的规范发展。通过建立法治理念，企业在竞争中更加注重公平竞争，遵循市场规则。法治建设的推动，有助于建筑工程行业形成规范的市场秩序，推动行业的良性竞争和可持续发展。

法治建设对建筑工程行业的创新和技术提升产生积极推动作用。在法治的引导下，企业更加注重科技创新、技术提升，致力于提高工程质量和效率。法治建设通过激发企业创新动力，促进了建筑工程行业技术水平的不断提高。

法治建设对企业合规管理的推动在建筑工程行业中具有深远的意义。通过增强法律意识、建立合规管理体系、促进自我监督、推动社会责任履行、规范行业发展和推动技术提升等多方面的作用，法治建设不仅促进了企业的健康发展，也推动了建筑工程行业的整体进步。

二、建筑工程行业法治建设的未来发展

（一）法治建设与国际标准的融合

建筑工程行业法治建设在未来的发展中将与国际标准融合，形成更为开放、规范、透明的法治环境。这一融合将有助于提升建筑工程行业的国际竞争力，促进法治理念的全球传播，同时也将为建筑工程行业带来更多的机遇和挑战。

建筑工程行业法治建设将更加积极地融入国际标准体系。随着全球化的加深，建筑工程行业越来越需要符合国际标准的法治体系。未来，建筑工程法治建设将更加主动地参与国际标准的制定和修订，积极借鉴国际先进经验，使法规更加符合国际规范，推动建筑工程行业更好地融入国际经济体系。

建筑工程行业法治建设将更加注重国际合作和交流。国际标准的融合需要建筑工程行业积极参与国际合作，加强与其他国家和地区的交流。这包括在法规制定、执法机制建设、争端解决等方面，与国际标准相互学习、借鉴，以促进建筑工程行业法治建设的不断进步。

建筑工程行业法治建设需要逐步实现国际标准与本国法规的协调一致。在融合的过程中，建筑工程行业应当认真研究并逐步调整国内法规，使其与国际标准相适应。这将有助于提高建筑工程行业的国际竞争力，吸引更多国际投资与合作。

建筑工程行业法治建设在融合国际标准的过程中需要注意避免法规的简单引进和生搬硬套。在与国际标准的融合中，应当根据建筑工程行业的实际情况，对国际标准进行合理调整和本土化。这有助于确保法规的实际可行性，减少不符合实际的法规对建筑工程行业的不良影响。

建筑工程行业法治建设还需要关注国际法治标准的不断变化。随着国际法治标准的不断演进，建筑工程行业的法治建设应当及时调整并更新法规，以保持与国际标准的一致性。这有助于维护建筑工程行业在国际上的声誉，推动行业更好地适应国际市场的需求。

建筑工程行业法治建设与国际标准的融合是未来发展的必然趋势。这一融合将使建筑工程行业更好地适应国际环境，提升国际竞争力，推动法治理念在全球范围内的传播和应用。需要注意的是融合的过程中应当注重本土实际，避免盲目引进，以确保法治建设更好地服务于建筑工程行业的可持续的发展。

(二) 法治建设对建筑从业者职业道德的引导

法治建设对建筑从业者职业道德的引导在于推动建筑行业实现更高水平的职业道德规范。这种引导不仅关乎建筑从业者个体的道德修养，也与整个行业的健康发展密切相关。随着法治建设的不断深化，建筑工程行业的未来发展将在法治框架下更为有序，具体体现在法律法规健全、从业者职业道德的提升和行业整体形象的改善等方面。

法治建设对建筑从业者职业道德的引导体现在法律法规健全。未来，建筑工程行业将更加侧重制定和完善与建筑从业者职业道德相关的法规。这将有助于在法治框架下规范建筑从业者的行为，确保其在工作中遵循公平、公正、合法的原则。通过法规健全，建筑从业者将在法治建设的引导下更清晰地了解自己的职业道德责任和法律义务，从而引导其更好地践行职业道德。

法治建设对建筑从业者职业道德的引导在于加强对从业者的法律教育和培训。未来，法治建设将更加注重建筑行业从业者的法治教育，提高其法律素养和职业道德意识。这有助于建筑从业者更好地理解和遵守法规，提高其在工作中的职业操守。通过法治建设对建筑从业者的培训和教育，可以使其更好地履行职业道德，为行业的健康发展提供有力支持。

法治建设还在于建立健全的法规执行和监管机制。未来，建筑工程行业将进一步加强对从业者行为的监管和执行，以确保法规的有效执行。这将有助于维护行业内职业道德的实施，对于那些违反职业操守的行为能够得到及时的纠正和处理，从而促使建筑从业者在法治框架下更加自觉地遵循职业道德规范。

法治建设对建筑工程行业的未来发展将推动整个行业的形象改善。通过对从业者职业道德的引导，行业内的道德规范得以提升，建筑从业者的职业操守得到改善，从而提高了整个行业的整体形象。这有助于吸引更多有担当、有责任心的人才加入建筑工程行业，从而推动行业更加健康和可持续的发展。

法治建设对建筑从业者职业道德的引导将通过健全法规、加强法治教育、建立监管机制和提升行业形象等方面发挥积极作用。在法治建设的框架下，建筑工程行业的未来发展将更加注重法治建设，为行业内部提供更为稳固的法治基础，推动建筑工程行业实现更为健康、有序和可持续的发展。

结束语

法学理论是理解和解释法律实践的基石，它不仅涉及对法律规则的系统性研究，而且涵盖法律的哲学基础、社会功能，以及其在不同文化和政治背景下的应用。法学理论的研究对于促进法律的发展、指导法律实践以及推动社会公正有着不可估量的作用。本书旨在探讨法学理论的多种维度，包括其历史发展、主要学派、关键概念，以及在当代社会中的应用。我们将从法学的多个分支，探讨理论与实践的交会点，分析理论对实际案件的影响。

（1）法学理论是法学研究的基础和指导，它包括法的本质、法的起源、法的发展等方面的研究。法学界可以更好地理解法律制度的内在逻辑和规则，从而为法律的制定、解释和应用提供指导。法学理论还有助于法学家和法律从业者理解法律的历史演变和不同法系的特点，从而更好地应对不同国家和地区的法律问题。

（2）法学理论研究涉及多种方法和途径，包括法律哲学、法律史、法律社会学等。这些方法可以帮助法学者深入分析法律现象，揭示法律制度的内在逻辑和社会影响。通过不同的研究方法，法学理论可以更加全面地理解法律领域的各个方面，为法律实践提供更多的思考和建议。

（3）法学理论不仅是学术研究的产物，还可以在实际法律应用中发挥重要作用。法学理论可以用来解释和解决法律争议，指导法官和律师在法庭上的工作，也可以用来制定新的法律政策和法规。此外，法学理论还可以为法律教育提供基础知识，培养法律从业者的思维和分析能力。因此，法学理论的应用不仅限于学术领域，还涉及法律实践和教育的各个方面。

总之，法学理论研究及其应用是法学领域的核心内容，它为法律的制定、解释和应用提供了理论支持和指导，也为法学界和法律从业者提供了丰富的研究和实践机会。

参考文献

[1] 杨延超 . 大模型时代我国人工智能法学理论体系的构建 [J]. 江汉学术，2024，43(1)：45–57.

[2] 夏扬 . 人在法律中的形象与“法律人”学术内涵的重建 [J]. 政法论丛，2024(1)：149–160.

[3] 王利平 . 数字技术视域下公安院校法学教育研究 [J]. 法制博览，2024(2)：19–21.

[4] 李豪 .2023 年十大法治新闻 [N]. 法治日报，2024–01–12(05) .

[5] 张丽娟 . 信息技术创新与广泛应用背景下的版权法学理论变革 [J]. 吕梁教育学院学报，2018，35(4)：31–33.

[6] 张恒山，李娅妮 . 马克思主义法学的权利观 [J]. 北京行政学院学报，2024(1)：1–9.

[7] 周国兴，唐梓皓 . 马克思主义法治理论的中国化飞跃：习近平法治思想研究述评 [J]. 昆明理工大学学报 (社会科学版)，2023，23 (6)：1–14.

[8] 杨波 . 基于程序与事实互动关系的证据法学理论建构 [J]. 师大法学，2021(2)：23–29.

[9] 肖金明，孙旖旎 . 计算法学人才培养存在的问题与对策思考 [J]. 东南法学，2023(1)：1–16.

[10] 滕肇楠 . 法学古典形式主义前瞻性价值目标贡献考 [J]. 文化学刊，2023(11)：89–92.

[11] 姜磊，杨艳楠 . “三全育人”视域下法学教育课程思政的实现路径探析 [J]. 集宁师范学院学报，2023，45(6)：36–40.

[12] 李佳欣 . 建构中国自主法学知识体系下的法学论文选题趋向 [J]. 重庆大学学报 (社会科学版)，2023，29(6)：272–283.

[13] 王锡锌 . 构建自主法学知识体系需要内外兼修 [J]. 清华法学，2023，17(6)：178–181.
[14] 刘艳红 . 法治强国背景下法学期刊的高质量发展之路 [J]. 清华法学，2023，17(6)：182–186.
[15] 叶知年，陈淑婷 . 反向抵押权法学理论之厘清 [J]. 长春理工大学学报 (社会科学版)，2023，36(6)：17–22.
[16] 喻中 . 论中国法学版图的变迁 [J]. 中国高校社会科学，2023 (6)：23–49，153–154.
[17] 莫纪宏 . “法学学”视野下中国法学“三大体系”构建的方法论路径 [J]. 法制与社会发展，2023，29(6)：20–35.
[18] 本刊编辑部 . 守正创新，担当作为为构建中国自主的法学知识体系而不懈努力——纪念《河北法学》创刊四十周年 [J]. 河北法学，2023，41(12)：195–196.
[19] 张胜前，何婧姝 . 法学教育中对法律逻辑的认识、推理与实践——评《法学理论：多维与整合》[J]. 教育理论与实践，2023，43(30)：65.
[20] 我省法学会在全国首席法律咨询专家工作会议作经验介绍 [J]. 公民与法 (综合版)，2023(10)：2.
[21] 何炜炜 . 习近平法治思想引领公安法学教育的理论与实践 [J]. 福建警察学院学报，2023，37(5)：1–8.
[22] 郭晓刚，邹文清 . 高素质律师队伍建设的中国路径——《关于加强新时代法学教育和法学理论研究的意见》的解读 [J]. 人生与伴侣，2023(39)：18–20.
[23] 董政 . 重拾“真理的片段”：新时代“国家与法的理论”反思 [J]. 北方论丛，2023(5)：80–92.
[24] 汪习根 . 加强法学基础理论研究推进马克思主义法学理论中国化时代化 [J]. 中国大学教学，2023(9)：79–83.
[25] 冯果 . 以科学的学术评价引领法学研究高质量发展 [J]. 中国大学教学，2023(9)：84–89.
[26] 翁铁慧 . 坚持正确政治方向推动法学教育和法学理论研究繁荣发展 [J]. 中国大学教学，2023(9)：4–7.

[27] 张文显．加强新时代法学教育和法学理论研究的纲领性文献——对《关于加强新时代法学教育和法学理论研究的意见》的解读 [J]. 中国大学教学，2023(9)：8–14.

[28] 王健．中国式现代化与法学教育发展之路 [J]. 中国大学教学，2023(9)：25–33.

[29] 付子堂．完善法学院校管理指导体制提升法学院校建设质量 [J]. 中国大学教学，2023(9)：34–38.

[30] 何志鹏．优化法学学科体系 [J]. 中国大学教学，2023(9)：46–54.

[31] 肖新喜．科学哲学视域下法教义学与社科法学审思 [J]. 求是学刊，2022，49(6)：118–128.

[32] 王幸哲．新时代视阈下法学教育职业化趋势研究 [J]. 宿州教育学院学报，2021，24(5)：28–33.

[33] 郑楚涵．领域法学理论在金融法学中的应用 [J]. 百科知识，2021(3)：37–38.

[34] 程功舜．“问题式”教学在法学教学中的应用 [J]. 高教学刊，2020(19)：102–104.

[35] 付子堂．马克思主义法学理论的中国实践与发展研究 [M]. 北京：中国人民大学出版社，2020.

[36] 王爱华．法学微课在开放教育专业教学中的应用研究 [J]. 产业与科技论坛，2020，19(10)：192–193.

[37] 韩颖．“因材施教”在法学专业本科教学中的运用 [J]. 法制与社会，2020(1)：191–192.

[38] 刘嘉夫，史艳英．法学理论的构建与应用实践——评《法学概论(第五版)》[J]. 中国教育学刊，2019(7)：116.